현직 교사가 만든
에듀테크 수업을
망설이는 교사를 위한

찐 실전
Chat GPT

과목별
생성형 AI (에듀테크) 수업 활용하기!

정 지 훈 지음

★
(주)광문각출판미디어
www.kwangmoonkag.co.kr

추천사

이 책은 오래된 미래들로부터 알아보는 미래 교육의 필요성, 부족한 기술, 잘못된 평가, 왜곡된 교육 등을 주로 다루고 있다. 먼저 "미래 교육의 필요성"에서는 12개 주제를 통해 AI 기반 에듀테크 수업에서의 새로움이 무엇인지를 담론으로 글을 전개해 나가고 있으며, 과거로부터 변화된 것들을 현재의 발전 상황과 비교하면서 미래 교육의 필요성을 작성하였다. 이는 미래로부터의 예측이 아닌, 과거의 흐름을 통해 미래 교육의 방향성을 제시한다는 점에서 더욱 설득력 있는 접근이라 할 수 있다. 또한, "부족한 기술, 잘못된 평가, 왜곡된 교육"에서는 10개 교과의 사례에서 왜곡된 교육의 내용에 대한 문제점 도출을 통해 새로운 시각에서의 활용 방안을 제시하였다는 점은 매우 인상적이었다.

우리 사회는 물질적, 정신적으로 끊임없는 변화를 겪어 왔으며, 이러한 물적 및 정신적 변화들이 우리 학교 교육에서 그대로 다루어졌으며, 그러한 변화를 주도한 것이 바로 학교 교육의 힘이라 여겨진다. 이러한 변화는 교육의 전 영역 - 교육 철학, 교육과정, 교육 심리와 상담, 교육 방법과 공학, 교육 사회, 교육 행정 - 에서 일어났으며, 이는 곧 학교 교육의 혁신으로 이어졌다. 이러한 관점에서 "에듀테크 수업을 망설이는 교사를 위한 찐 실전 ChatGPT" 책은 다음과 같은 몇 가지의 의의 및 추천의 사유를 갖는다.

첫째, 이 책은 지금까지 학교 교육의 흐름 속에서 미래 교육의 방향성을 찾는다는 점에서 미래 교육의 필요성은 그 타당성이 높다고 볼 수 있을 것이다. 이 책은 미래 교육의 필요성을 다양한 하위 주제로 다루고 있다. 새로운 기술과 춤을 추는 법, 시청각 교수 매체의 변화, 교실 디스플레이 기술, 교실 디지털 문화, 터치펜 지시봉, 교육 도구의 다양한 변화, AI 번역, 칭찬 진화론, 평가의 진화, 다양한 방법을 동원한 학생 의견 수렴, 생성형 AI의 지혜 등을 포함한다. 이처럼 획기적인 주제들을 통해 미래 교육의 필요성과 의미를 다양한 관점에서 부각시켰다는 점이 이 책만의 독창성이라 할 수 있다.

둘째, 이 책은 다양한 10개 교과인 국어, 영어, 수학, 역사, 과학, 실과, 지리, 음악, 미술, 체육의 수업 사례, 평가 방식, 아날로그 평가의 딜레마, 도움이 될 수 있는 디지털 리소스들, 디지털 리소스의 활용 방안, 실습하기 등의 제안을 통해 미래 교육으로의 탈출구를 찾으려는 노력들이 다른 창작물과 차별화되는 특별한 가치를 지닌다.

마지막으로, 이 책은 미래 교육에 대한 새로운 변화를 실제 학교 교육 현장의 이야기를 소재로 접근하였으며, 앞으로 미래 교육 실현을 위하여 학교 현장이 어떻게 나아가야 하는지에 대한 구체적인 방향성을 제시하였다는 점이 다른 독자들에게 추천할 수 있는 근거가 될 것이다. 즉 앞으로 AI와 함께하는 미래 교육이 나아가야 할 방향을 실제 학교 교육에서 어떻게 구현되어야 하는지에 대한 유용한 답을 제시하였다는 점이 이 책이 가진 주목할 만한 성과라고 할 수 있다.

이러한 점들이 이 책을 독자들에게 적극 추천하는 이유이다. 앞으로 이 책이 토대가 되어 학교 현장에서 더 많은 미래 교육의 방향과 기법이 제시되기를 기대한다.

국립안동대학교 사범대학 교직부 교수 이기용

시작하며

· · · · · ·

존경하는 선생님들께!

안녕하세요, 하울쌤입니다. 저는 전직 중등학교 음악 교사이자 현재는 초등학교 교사로 재직 중입니다. 스스로 '교육용 IT 제품 얼리어댑터'라고 생각하는데, 새로운 기술을 즐겁게 체험하고 교실에 빠르게 도입하는 것을 좋아합니다.

우리 교육 현장은 지금 놀라운 속도로 변화하고 있습니다. 제가 학생이었던 시절, 또 초임 교사였던 시절과 지금은 무척이나 다른 모습입니다. 최근 에듀테크 관련 강의를 많이 하면서 느끼는 점이 있습니다. 새로운 기술에 열광하시는 선생님들도 많지만, 새로운 기술 도입에 거부감을 가지고 계시거나 막연한 두려움을 가지거나 거부하는 선생님들도 상당하다는 점입니다. 그럴 때마다 '과연 과거에도 이렇게 새로운 기술에 열광하면서도 두려워했을까?'라는 의문이 듭니다. 이런 호기심에서 출발하여, 오늘은 여러분과 함께 교육 기술의 역사와 현재를 살펴보고자 합니다.

교육 기술의 변천사를 되짚어 보는 일은 마치 타임머신을 타고 과거로 시간 여행을 떠나는 것과 같습니다. 과거 교육 현장에 도입되었던 혁신적인 기술들은 무엇이 있었을까요? 그 기술들은 당시 교육자들에게 어떻게 받아들여졌을까요? 새로운 기술이 교육에 가져온 변화와 발전의 모습은 어떠했을까요? 이런 질문들에 답하는 과정에서 우리는 현재의 에듀테크 열풍을 보다 넓은 시야에서 조망해 볼 수 있을 것입니다.

과거와 현재를 잇는 이 여정이 미래 교육을 그려 나가는 데 의미 있는 통찰을 선사하기를 기대합니다. 함께 배우고 성장하는 소중한 시간이 되길 바라며, 여러분의 적극적인 참여를 부탁드립니다.

이 책에 실린 과거 학교의 모습들은 경상북도 사이버교육박물관의 소중한 사진 자료들입니다. 귀중한 사진들을 사용할 수 있도록 허락해 주신 경상북도 사이버교육박물관 측에 깊은 감사를 드립니다. 이 역사적인 사진들을 통해 우리 교육의 발자취를 더욱 생생하게 전달할 수 있게 되었습니다.

여러분의 도전을 진심으로 응원합니다!

하울쌤 드림

목차

1부 오래된 미래들로 알아보는 미래 교육의 필요성

2부 생성형 AI(에듀테크) 과목별 수업 활용하기

1부

오래된 미래들로 알아보는
미래 교육의 필요성

01장. 새로운 기술과 춤을 추는 법

교육 현장에서 새로운 기술을 도입할 때마다 우리는 기대와 두려움을 동시에 경험하고 있다. 과거를 돌아보면, 각각의 시대마다 혁신적인 교육 도구들이 등장했고, 그때마다 교육자들은 비슷한 감정을 느꼈을 것이다. 지금부터 우리는 교육 기술의 역사 속으로 시간 여행을 떠나, 그들이 겪었던 변화와 적응의 과정을 살펴보려 한다.

첫 번째 만남, 새로운 기술에 대한 초기의 두려움과 저항: "연필의 등장"

첫 정거장은 1800년 중반이다. 우리가 도착한 곳은 미국의 작은 시골 마을 학교 건물이다. 나무로 지어진 한 칸짜리 교실One-room Schoolhouse에서 촛불 빛을 받으며 선생님들이 모여 토론하는 모습이 보인다. 그들의 복장은 낡은 양복과 긴 치마로, 당시의 분위기를 물씬 풍긴다.

"연필을 사용하면 학생들의 필기 실력이 형편없어질 거야." 한 선생님이 손에 든 연필을 흔들며 말한다. "석판과 분필이면 충분해. 이런 물건은 필요 없어." 다른 선생님이 고개를 끄덕이며 동의한다. 선생님들은 연필이 학생들 사이에서 점차 보편화되기 시작하면서 걱정이 매우 많다.

한때 연필은 '위험한 신기술'이었다. 초크 보드에 글씨를 쓰고 지우는 게 익숙하던 시절, 지울 수 없는 글씨를 남기는 연필은 큰 논란거리였다. 선생님들은 연필로 쓴 글씨를 지우려다 종이가 찢어지는 모습을 상상하며 걱정스러운 표정을 짓는다.

교실 한쪽에는 학생들이 사용했던 초크보드들이 쌓여 있다. 그 옆으로 분필 가루가 흩뿌려져 있어, 연필과 종이라는 신기술에 감탄하며 수업에 참여하는 교실의 모습을 상상할 수 있다. 벽에 걸린 달력은 1851년을 가리키고 있다. 창밖으로는 마부의 말발굽 소리와 증기 기관차의 기적 소리가 뒤섞여 들려오고 있었다.

두 번째 만남, 적응 과정에서의 시행착오: "컴퓨터의 도입"

다음은 1980년대다. 한국의 어느 중학교 컴퓨터실. 낯선 기계 앞에서 혼란스러워하는 교사들의 모습이 보인다. 1980년대 후반부터 1990년대 초반, 학교에 컴퓨터가 도입되기 시작했다. "이걸 어떻게 켜는 거지?", "프린터에서 종이가 안 나와." 이런 말들이 교무실에서 자주 들렸다. 초기 컴퓨터 시대, 학교에 처음 도입된 286, 386 컴퓨터는 선생님들에게 큰 도전이었다.

컴퓨터에 관심이 큰 김 선생님은 퇴근 후에도 학교에 남아 늦은 밤까지 컴퓨터와 씨름했다. "이거 정말 대단해요. 앞으로 교육이 완전히 바뀔 거예요!"라며 흥분을 감추지 못했다. 반면 박 선생님은 컴퓨터실 앞을 지날 때마다 한숨을 쉬었다. "나이 먹어서 이런 걸 배우려니 머리가 아프네." 그는 여전히 칠판과 분필로 수업을 준비했다. "학생들이 컴퓨터만 보다가 책은 언제 보나?" 두 교사의 대조적인 태도는 당시 많은 학교에서 볼 수 있는 전형적인 모습이었다.

가장 큰 변화는 2000년대 초반, 교육행정정보시스템 '나이스NEIS'의 도입이었다. 나이스는 교육기관의 행정 업무 전반을 전자적으로 처리하는 시스템이었고, 이는 컴퓨터에 익숙하지 않은 많은 중년 교사들에게 큰 부담이 되었다. 결과적으로 많은 교사가 명예퇴직을 선택했고, 이는 교직 사회의 세대교체로 이어졌다. 아이러니하게도 이러한 변화는 새로운 기술에 더 빠르게 적응할 수 있는 젊은 교사들의 유입으로 이어져, 학교의 디지털화를 가속화하는 계기가 되었다.

세 번째 만남, 결과적으로 교육의 질적 향상: "기술의 정착"

2020년대 중반, 교실의 모습은 급격히 변화하고 있다. 대형 디지털 스크린, 노트북, 태블릿PC 등 첨단 기기들이 교육 현장에 속속 도입되면서, 이런 변화를 바라보는 교사들의 반응은 제각각이다. "클라우드 기반 교육 플랫폼으로 실시간 소통하고, VR/AR 기술로 몰입도 높은 수업을 진행할 수 있어요." 에듀테크 활용에 적극적인 최 교사는 열정적으로 이야기한다. "AI 기반 학습 관리 시스템으로 개개인에 최적화된 교육이 가능해졌죠."

반면 박 교사는 회의적이다. "요즘은 신기술을 적용하지 않는 수업은 구닥다리로 보는 분위기예요. 그런데 기술에 너무 의존하다 보면 교육의 근본을 놓칠까 두려워요. 결국 교육의 본질은 교사와 학생 간의 관계에서 출발해야 하는데…." 그는 전통적인 교수 방식을 고수하면서도 필요한 부분에서는 기술을 활용하는 절충적인 자세를 취하고 있다.

교육부와 교육청도 에듀테크 활성화를 위해 다각적인 노력을 기울이고 있다. 온라인 교육 플랫폼 구축, 디지털 교과서 개발, 스마트 기기 보급 등 에듀테크 인프라 확충에 투자하고 있으며, 교사들의 ICT 활용 능력을 높이기 위한 연수 프로그램도 확대되고 있다. "에듀테크는 교사를 보조하고 수업의 효과를 높이는 도구일 뿐, 결코 교사를 대체할 순 없어요." 박 교사의 말처럼 에듀테크 시대에 교사의 역할과 역량에 대한 고민이 깊어지고 있다.

이처럼 2020년대의 교실은 에듀테크를 바라보는 다양한 시선이 공존하는 공간이다. 기술 활용에 적극적인 교사와 신중한 교사, 그 사이에서 최적의 지점을 찾아가는 교사들. 서로 다른 접근 방식으로 미래 교육을 그려 가고 있지만, 학생들의 성장이라는 교육의 본질을 추구한다는 점에서는 같은 길을 걷고 있다. 에듀테크라는 새로운 패러다임 속에서 교육의 전통적 가치와 현대 기술을 조화롭게 융합하며, 교육의 질적 향상을 향해 나아가고 있는 것이다.

02장. 괘도에서 전자칠판까지: 시청각 교수 매체의 변화

아날로그 시대의 프레젠테이션 도구들

1. 괘도: PPT의 증조할아버지

잠시 우리의 시간 여행을 멈추고 주변 선생님들께 한 가지 질문을 건네 보고 싶다.

"혹시 이 교구의 이름을 알고 계신가요?"

교실 풍경을 바꾼 이 교구는 초등학교가 '국민학교'로 불리던 1996년 무렵까지 수업 현장에서 활발히 사용되던 교수·학습 자료이다. 벽이나 전용 거치대에 걸어 두고 사용했던 이 자료에는 크고 선명한 그림, 사진, 글자, 도표 등이 담겨 있다. 한 장씩 넘길 때마다 특유의 '촤라락' 소리가 울리던 이 교구의 이름은 바로 '괘도'이다.

괘도는 1960년대부터 1990년대 후반까지 학교 현장에서 가장 유용한 시각 보조 자료로 활용되었다. 학생들에게 그림이나 사진, 도표 같은 시각 자료를 제공하거나 주요 내용을 설명할 때 사용된 프레젠테이션 도구였다. 교사용 지도서처럼 전

교과에 걸쳐 학교에 보급되었으며, 컴퓨터가 대중화되기 전까지 교실에서 아주 중요한 역할을 했다.

괘도는 학교뿐만 아니라 관공서나 군대 등의 회의, 교육 활동, 세미나 등에서도 널리 활용되었다. 종이 한 장 한 장이 슬라이드가 되어 하나의 발표 자료를 이루었다. 내용을 전시하거나 그림, 도표, 텍스트를 조합하여 전문적인 문서를 포함하는 보고서나 제안서를 작성하고 발표하는 데 사용되었다. 정확히 지금의 PPT와 같은 역할이었다.

하울쌤이 국민학교에 다니던 시절, 음악 시간마다 큰 악보가 그려진 괘도가 교실을 돌아다녔다. 1반에서 2반으로, 2반에서 다음 반으로 옮겨가며 마치 지금의 특별교실처럼 각 반이 시간을 정해 순서대로 활용했다. 학년에 하나뿐인 귀중한 교구였기에, 나무지시봉으로 괘도를 넘길 때 나는 '좌라락' 소리는 지금도 생생하다. 공개수업에서는 교사들이 자체 제작한 괘도를 활용하는 모습도 자주 볼 수 있었다.

1990년대 후반, Microsoft PowerPoint가 등장하고 컴퓨터가 보급되면서 괘도는 서서히 교실에서 사라져 갔다. 디지털 프레젠테이션의 편리함에 밀려 자취를 감춘 것이다. 하지만 괘도는 우리나라 교육 현장에서 시청각 교육의 초석을 다진 소중한 교구로써 그 역사적 가치를 인정받아야 할 것이다.

2 OHP: 빛으로 그리는 수업

PPT가 사용되기 전까지 괘도와 함께 교실을 밝혔던 또 하나의 프레젠테이션 도구가 있다. 바로 오버헤드 프로젝터 overhead projector: OHP, 오버헤드 영사기 다. 20세기 중반 미국에서 개발된 OHP는 1980년대와 1990년대에 우리나라 학교와 대학에서 필수적인 교육 도구로 자리 잡았다.

교실 앞쪽에 놓인 직사각형 모양의 OHP는 마치 마법 상자와도 같았다. 투명한 필름을 올려놓으면 그 내용이 빛을 타고 스크린에 크게 투영되었다. 광원의 빛이 OHP 시트를 투과하여 반사경에 모이면 스크린에 영상이 나타나는 원리였다. 특히 이 장치의 구조 덕분에 발표자는 OHP 시트를 보며 설명하고, 청중은 스크린을 통해 내용을 확인할 수 있었다.

OHP의 가장 큰 매력은 실시간 필기가 가능했다는 점이다. 수성 사인펜으로 필름에 직접 글씨를 쓰거나 그림을 그릴 수 있었고, 중요한 부분에 밑줄을 긋거나 표시할 수도 있었다. 다만 기계가 뜨거워지면서 내는 '윙-' 하는 팬 소리는 수업의 단골 배경음이 되었다.

2000년대 이후 디지털 프로젝터의 등장으로 OHP는 서서히 교실에서 사라져 갔지만, 많은 교사와 학생들이 OHP를 통해 처음으로 시각적 프레젠테이션의 매력을 경험했다.

'촤라락'에서 클릭으로: PPT의 등장

교육계 종사자라면 누구나, 그리고 2000년대 이후 대학 교육을 받은 사람이라면 모두 PPT라는 용어에 익숙할 것이다. PPT는 마이크로소프트사의 프레젠테이션 도구인 PowerPoint의 줄임말이지만, 이미 오래전에 고유명사의 틀을 벗어나 프레젠테이션 자료 자체를 지칭하는 대명사가 되었다.

1997년 'IMF 구제금융 신청' 이후, 대한민국은 닷컴 시대와 인터넷 보급의 물결을 맞이했다. 이는 교육 현장의 프레젠테이션 문화에 대대적인 전환을 가져왔다. 2000년대 초반, PPT가 교실에 등장하면서 전지 크기의 괘도나 OHP 필름은 급격히 구시대적인 것으로 여겨졌다. 당시 대학가에서는 이런 변화를 반영하듯 디자인 관련 학과들의 경쟁률이 매년 새로운 기록을 갈아치웠다.

괘도를 넘길 때마다 들려오던 '촤라락' 소리는 마우스 클릭 소리로 대체되었다. PPT의 선명한 컬러 화면과 화려한 전환 효과는 당시로서는 혁신 그 자체였다. 대학생이던 하울쌤도 간단한 애니메이션 효과와 소리를 활용한 페이지 전환만으로도 동료들의 감탄을 자아냈던 기억이 생생하다.

2020년대의 시각으로 보면 PPT는 더 이상 특별한 기술이 아닐 수 있다. 하지만 사용자 친화적인 인터페이스와 지속적인 기능 업데이트로 여전히 현대 프레젠테이션의 중심을 지키고 있다. 유튜브에는 수많은 PPT 전문가들이 새로운 기능과 숨겨진 기능을 소개하고 있으며, 그 내용을 따라 배우는 것조차 벅찰 만큼 PPT는 계속해서 진화하고 있다.

교실을 뒤흔들 AI 프레젠테이션 혁명

앞으로 어떤 식으로 프레젠테이션이 이루어질까? 필자는 인공지능에 그 해답이 있다고 생각한다. 프레젠테이션을 구상하고 준비하는 과정에서 PPT를 만들며 밤을 새워 본 기억이 있는 사람이 많을 것이다. 특히 미적 감각이 부족한 사람들에게는 이 과정이 더욱 고통스럽다. 밤새 노력해 만들어도 색감은 어색하고, 내용 배치는 투박하며, 전체적인 디자인은 조화롭지 못한 경우가 다반사다.

하지만 이제 이러한 고민을 해결해 줄 대안이 등장했다. Decktopus.ai와 같은 AI 기반 프레젠테이션 도구들이 바로 그것이다. 인공지능이 자동으로 디자인을 최적화해 주기 때문에 사용자는 내용에만 집중할 수 있다. 복잡한 디자인 프로그램을 배우지 않아도 전문가 수준의 프레젠테이션을 만들 수 있게 된 것이다.

앞으로 어떤 식으로 프레젠테이션이 이루어질까? 필자는 인공지능에 그 해답이 있다고 생각한다. 프레젠테이션을 준비하며 PPT를 만드느라 밤을 새워 본 기억이 있는 사람들이 많을 것이다. 특히 미적 감각이 부족한 사람들에게는 색감, 배치, 디자인 등의 문제로 더욱 고통스러운 과정이었다.

하지만 이제 Decktopus.ai와 같은 AI 기반 프레젠테이션 도구들이 등장했다. 인공지능이 자동으로 디자인을 최적화해 주어 사용자는 내용에만 집중할 수 있다. 더욱 혁신적인 점은 실시간 협업 기능이다. 여러 사람이 동시에 작업하고 피드백을 주고받을 수 있어, 학생들은 모둠별로 프레젠테이션을 제작하고 교사는 실시간으로 조언을 해줄 수 있다.

이러한 도구의 교육적 활용은 더욱 확대될 전망이다. 프레젠테이션 제작의 기술적 어려움은 인공지능에 맡기고, 학생들은 내용 구성과 창의적 표현에 집중하게 될 것이다. 이는 학생들의 디지털 리터러시와 협업 능력 향상의 새로운 기회가 될 것이다.

현대의 프레젠테이션 도구들

1. Prezi: 줌 인터페이스의 혁신

 Prezi https://prezi.com 는 무한 캔버스와 줌인/줌아웃 기능을 활용한 온라인 프레젠테이션 도구이다. 마치 카메라로 확대/축소하듯 자유롭게 이동하는 인터페이스가 특징이며, 클라우드 기반으로 실시간 협업이 가능하다.

2. Google Slides: 협업의 새로운 지평

 Google Slides https://slides.google.com 는 Google Workspace의 무료 온라인 프레젠테이션 도구로, 실시간 협업과 클라우드 기반 작업이 강점이다. Google Meet과 연동되어 여러 사용자가 동시에 작업할 수 있다.

3. Microsoft Sway: 디지털 스토리텔링의 진화

 Microsoft Sway https://sway.office.com 는 시각적 스토리텔링에 특화된 프레젠테이션 도구이다. 인공지능 기반 자동 디자인 기능으로 콘텐츠를 보기 좋게 배치해 주며, 다양한 멀티미디어를 쉽게 통합하여 수업 자료나 발표에 활용할 수 있다.

시청각 교수 매체는 괘도에서 전자칠판에 이르기까지 눈부신 진화를 거듭해 왔다. 이러한 발전의 여정은 우리에게 '오래된 미래'의 모습을 보여 주며, 각 시대의 혁신이 어떻게 오늘날의 교육 도구로 이어졌는지를 실감 나게 보여 준다.

하지만 기술의 발전 속에서도 교사의 역할은 결코 축소되지 않을 것이다. 기술은 어디까지나 도구일 뿐 그것을 어떻게 교육적으로 활용할 것인가가 관건이기 때문이다. 우리는 과거와 현재의 교육 도구들이 남긴 교훈을 발판 삼아 각 도구의 장점을 극대화하는 지혜를 발휘해야 한다. 그럴 때 비로소 기술은 교육을 한 단계 도약시키는 촉매제가 될 수 있을 것이다.

03장. 벽에 걸린 지식의 창: 교실 디스플레이 기술의 타임라인

분필 소리로 시작되는 수업: 흑판, 교실의 영원한 주역

교실의 역사에서 가장 오래된 교육 도구는 칠판이다. 19세기 교실에 처음 등장한 이래로, 칠판은 교육의 핵심 도구로써 그 자리를 지켜왔다. 시간이 흐르며 교실의 모습은 끊임없이 변화했지만, 칠판은 여전히 변함없는 존재감을 보여 주고 있다.

칠판이 오랜 시간 교실의 중심을 지킬 수 있었던 것은 그것이 가진 고유한 장점 때문이다. 교사의 설명이 분필 끝에서 즉시 시각화되고, 학생들은 이를 통해 새로운 개념을 직관적으로 이해할 수 있다. 이런 효과적인 정보 전달은 칠판만의 독특한 강점이다.

오늘날에는 전자칠판, 프로젝터와 같은 디지털 디스플레이가 교실에 도입되고 있다. 하지만 이러한 현대적 교육 도구의 발전 과정을 이해하려면, 먼저 칠판이 교실의 역사 속에서 해 온 역할을 살펴보는 것이 필요할 것이다.

교실의 첫 혁신: 흑판(Black Board)

　전통적인 형태의 칠판Black Board 또는 Chalk Board 은 나무판자에 검은색 도료를 칠한 형태였으며, 주로 흰색 분필을 사용하여 글씨를 썼다. 이런 형태의 칠판을 흑판이라 불렀다. 우리나라에는 일제 강점기 현대식 교육이 시작되면서 도입되었는데, 이는 당시로서는 혁신적인 교육 도구였다. 개별 석판이나 종이에 비해 전체 학급을 대상으로 한 효율적인 교육이 가능해졌기 때문이다.

　현대의 흑판은 내구성이 강한 수지 도료를 사용하여 제작되는데, 이는 더 오래 사용할 수 있고 분필이 쉽게 지워지는 장점이 있다. 이러한 기술적 개선으로 유지보수 비용이 줄어들고 사용 편의성이 높아졌다. 1990년대 후반 화이트보드가 보급되기 전까지 대한민국 모든 교실에서 흑판이 표준으로 사용되었으며, 2020년대에도 여전히 많은 초·중·고등학교 교실과 대학 강의실에서 그 모습을 볼 수 있다. 이는 흑판이 가진 시인성과 경제성이 여전히 유효하기 때문이다.

강철 흑판의 혁신: 마그넷 부착이 가능한 교실

일제 강점기부터 사용된 나무와 수지 도료로 만든 흑판에 큰 변화가 생긴 것은 1970년대 후반이었다. 내구성을 높이기 위해 철강으로 만든 흑판이 보급되기 시작하면서, 자연스럽게 마그넷을 활용한 새로운 교육 방식이 가능해졌다. 이는 단순한 재료의 변화를 넘어 교실 수업 방식의 확장을 의미했다.

철강 흑판의 가장 큰 특징은 마그넷을 사용해 다양한 교육 자료를 부착할 수 있다는 점이다. 기존에는 분필로 직접 그리거나 써야 했던 도표, 사진, 학습지 등을 손쉽게 붙였다 떼었다 할 수 있게 되었다. 특히 반복적으로 사용하는 교구나 학습 자료를 미리 준비해 두고 필요할 때마다 활용할 수 있어 수업의 효율성이 크게 높아졌다.

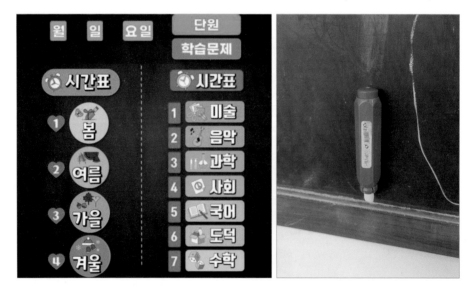

이러한 기술적 진보는 교실 수업의 질적 변화를 가져왔다. 학생들의 작품이나 과제물을 즉석에서 전시하고 공유할 수 있게 되었고, 이는 자연스럽게 학생들의 수업 참여도를 높이는 결과로 이어졌다. 또한, 핀이나 테이프 같은 소모품 없이도 자료를 부착할 수 있어 경제적이고 안전한 교실 환경 조성에도 기여했다.

교실의 새 얼굴, 하얀 지식의 캔버스: 화이트보드의 등장

지금은 흑판을 사용하지 않는 교실이 흑판을 사용하는 교실보다 더 많다. 화이트보드는 1990년대 후반부터 대한민국의 학교에 본격적으로 보급되기 시작했다. 에나멜이나 멜라민, 특수 코팅된 금속 표면으로 만들어지는 화이트보드는 기존 흑판에 비해 여러 장점이 있어 교육 현장에서 빠르게 인기를 끌었다.

1980년대까지만 해도 교실에서는 분필 가루를 털어내는 소리가 일상적으로 들렸다. 칠판지우개를 담당하는 당번은 필수였고, 수업을 마친 교사들의 손에는 항상 분필 가루가 묻어 있었다. 이는 당시 학창 시절을 보낸 이들에게는 향수를 불러일으키는 추억이 되었지만, 동시에 개선이 필요한 불편함이기도 했다.

화이트보드는 이러한 불편함을 말끔히 해소했다. 마커를 사용하여 쉽게 쓰고 지울 수 있었으며, 분필 가루가 날리지 않아 교실 환경이 더욱 깨끗하게 유지될 수 있었다. 다양한 색상의 마커를 활용해 정보를 구조화하기 쉬워졌고, 복잡한 개념을 설명하기도 수월해졌다. 또한, 글씨가 더 선명하고 가독성이 좋아 학생들의 시력 보호에도 도움이 되었다.

교실의 얼굴, 흑판과 화이트보드의 공존과 경쟁

2000년대에 들어서면서 교육 환경이 현대화되고 화이트보드가 널리 보급되었지만, 여전히 많은 교실에서는 전통적인 흑판이 사용되고 있다. 2021년 국정감사 자료에 따르면, 서울·경기 지역 공립학교의 절반 이상이 여전히 분필용 흑판을 사용하고 있으며, 전국 평균은 31.2%에 달하는 것으로 나타났다.

이러한 공존은 두 도구가 각각의 장점을 가지고 있기 때문이다. 흑판은 눈의 피로도가 적고 가시성이 뛰어나며, 내구성과 경제성이 우수하다. 반면 화이트보드는 분진 없는 깨끗한 환경과 다양한 색상 활용이 가능하다는 장점이 있다. 다만 화이트보드는 반사율이 높아 눈이 쉽게 피로해지고, 마커 잉크의 환경적 영향도 고려해야 할 문제다.

교육부는 학교별 특성과 구성원들의 선호도를 고려해 두 도구를 선택적으로 또는 병행하여 설치하고 있다. 교육 전문가들은 "각각의 장단점을 고려해 학교와 선생님, 학생들의 의견을 반영한 선택이 필요하다"라고 조언한다. 결국 중요한 것은 도구의 선택이 아닌, 그것을 얼마나 효과적으로 활용하느냐일 것이다.

빔프로젝터와 스크린: 교실의 디지털 혁명

1990년대, 교실의 풍경이 크게 바뀌기 시작했다. 흑판과 분필, 그리고 교과서로 대표되던 전통적인 교실에 빔프로젝터와 스크린이라는 새로운 주역이 등장한 것이다. 이 혁신적인 도구의 등장은 교육 방식에 일대 변혁을 가져왔고, 디지털 시대의 교육을 예고하는 신호탄이 되었다.

디지털 프로젝터는 컴퓨터나 비디오 기기의 영상 신호를 받아 스크린에 확대 투사하는 장치다. 초기에는 크기가 크고 밝기가 부족했지만, 기술 발전으로 소형화되고 성능이 향상되어 일반 교실에서도 선명한 화면 구현이 가능해졌다. 이로 인해 동영상, 애니메이션, 인터넷 자료 등 다양한 멀티미디어 콘텐츠를 활용할 수 있게 되었다. 특히 과학, 지리, 미술과 같이 시각 자료가 중요한 과목에서 교육적 효과가 두드러졌다. 파워포인트와 같은 프레젠테이션 소프트웨어의 도입으로 수업 자료를 체계적으로 준비할 수 있게 되었고, 이는 수업 시간의 효율적 활용으로 이어졌다. 무엇보다 학생들의 발표 자료나 과제물을 즉석에서 전체 학급과 공유할 수 있게 되어, 양방향 소통이 가능한 수업으로 발전할 수 있었다.

다만 모든 혁신적 변화가 그렇듯, 빔프로젝터와 스크린의 도입 과정에도 여러 과제가 있었다. 가장 큰 문제는 초기 설치 비용의 부담이었다. 고가의 장비 구입과 설치 비용으로 인해 전국의 모든 학교에 동시 도입하는 것은 현실적으로 어려웠다. 이에 한국 교육 현장에서는 빔프로젝터와 스크린의 보급을 단계적이고 순차적으로 진행할 수밖에 없었다. 여기에 교사들의 기술 적응 문제, 기기 조작의 어려움, 램프 수명과 발열 등 기술적 문제도 있었다. 하지만 이러한 어려움에도 불구하고 빔프로젝터는 교육의 디지털화를 이끄는 중요한 전환점이 되었고, 이후 전자칠판, 태블릿 PC 등 더욱 진보된 교육 기기의 선구자 역할을 했다.

칠판에 빔을 쏘다: 선생님들이 만든 '디지+로그' 신제품

2000년대 초반, 교실에 혁신적인 변화가 찾아왔다. 빔프로젝터와 칠판의 만남이 예상치 못한 시너지를 만들어 낸 것이다. 선생님들이 컴퓨터로 제작한 PPT를 칠판에 투사하고 그 위에 분필로 추가 설명을 쓰는 방식은 디지털의 효율성과 아날로그의 친숙함을 절묘하게 조화시켰다.

이 방식의 장점은 뚜렷했다. 수업 준비 시간이 크게 단축되었고, 멀티미디어 자료와 선생님의 판서가 어우러져 수업의 질도 향상되었다. 특히 과학이나 미술 같은 시각 자료 중심 과목에서 그 효과가 두드러졌다. 또한, 학생들의 반응에 따라 즉석에서 설명을 추가하거나 수정할 수 있어 수업의 유연성도 높아졌다.

물론 새로운 과제도 있었다. 선생님의 그림자가 화면을 가리는 문제, 밝은 교실에서의 가시성 문제, 투사된 이미지 위에 잘 보이는 색상 선택의 문제 등이 있었다. 그럼에도 이 '빔프로젝터+칠판' 방식은 교육계의 새로운 표준이 되었고, 후에 등장한 전자칠판의 선구자 역할을 했다.

흥미롭게도 많은 선생님이 여전히 이 방식을 선호한다. 디지털과 아날로그의 조화가 만들어 내는 특별한 교육적 효과 때문일 것이다.

초근접 터치스크린 빔프로젝터: 전자칠판의 새로운 대안

2010년대 들어 교실의 디스플레이 기술은 한 단계 더 진화했다. 앱손과 같은 제조사들이 선보인 초근접 터치스크린 빔프로젝터는 기존 빔프로젝터의 한계를 뛰어넘어 전자칠판의 기능까지 수행할 수 있게 되었다.

이 새로운 기술은 벽면이나 화이트보드에 가까이 설치하여 대형 터치스크린을 구현한다. 특히 손가락이나 전자펜으로 직접 화면을 조작할 수 있어 수업의 상호작용성을 크게 높였다. 초단거리 투사 방식으로 그림자 간섭을 최소화했고, 고해상도 화질로 가독성을 높였으며, 다중 터치를 지원해 여러 학생이 동시에 참여할 수 있게 되었다.

무엇보다 이 기술의 가장 큰 장점은 유연성이다. 기존 칠판과 함께 사용할 수 있어 아날로그와 디지털의 장점을 모두 살릴 수 있고, 설치와 이동이 간편해 교실 환경에 따라 자유롭게 활용할 수 있다. 이는 고정식 전자칠판의 대안으로 주목받으며, 현대 교실의 새로운 표준으로 자리 잡고 있다.

화면 미러링: 교실의 벽을 허무는 마법의 거울

2010년대 초중반, 교실에 화면 미러링 기술이라는 새로운 혁신이 도입되었다. 이는 선생님이나 학생의 디바이스 화면을 무선으로 큰 스크린에 전송하는 기술이었다.

선생님들은 태블릿을 들고 교실을 자유롭게 돌아다니며 수업을 진행할 수 있게 되었고, 학생들도 자리에서 자신의 작업을 전체와 공유할 수 있게 되었다. 그룹 활동에서도 각 모둠의 결과물을 즉시 공유하고 비교할 수 있었다.

도입 초기에는 연결 불안정, 호환성 문제, Wi-Fi 인프라 부족 등 여러 문제점이 있었다. 시간이 흐르면서 이러한 기술적 문제들은 개선되었지만, 여전히 많은 선생님들이 이 기술을 효과적으로 활용하지 못하고 있다. 이는 기술에 대한 정보 부족과 교육 미비 때문이다.

화면 미러링은 앞으로도 교실의 중요한 소통 도구로 자리 잡을 것이다. 그러나 이 기술의 진정한 가치는 기능의 다양성이 아닌, 교육 현장에서의 효과적인 활용에 달려 있을 것이다.

터치 한 번으로 열리는 미래 교실: 대화형 화이트보드의 혁명

미래의 박물관에 가면 선생님들의 하얀 분필 자국이 남아 있는 칠판을 볼 수 있게 될지도 모른다. 2024년 현재, 대한민국 교실이 큰 변화를 맞이하고 있기 때문이다. 현재 진행 중인 수업용 디스플레이 진화의 최종 목적지는 대화형 화이트보드인터랙티브 화이트보드 다. 이는 대형 터치스크린 기반의 디스플레이 보드로, 일반적으로 전자칠판이라 불린다. 터치 기능과 멀티미디어 통합, 인터넷 연결성을 통해 교실의 물리적 경계를 허물고, 여러 사용자의 동시 조작으로 협업 학습을 촉진한다.

오랜 세월 교실을 지켜온 칠판이 역사 속으로 사라지고 있다. 하지만 이는 슬픈 작별이 아닌, 더 나은 교육을 향한 설레는 첫걸음이다. 다만 현실적인 과제들도 있다. 높은 초기 비용과 유지 보수 부담, 교사 연수 필요성, 학생들의 건강 문제 등이 주요 과제다. 일선 현장에서는 "충분한 준비가 필요하다"라는 우려의 목소리도 나온다. 전자칠판이 진정한 교육 혁신을 이끌기 위해서는 이러한 과제들에 대한 체계적인 접근이 필요할 것이다.

대화형 화이트보드는 미래 교실의 중심축이 될 것이다. 초기 비용이나 교사 연수 문제는 시간이 지나면서 자연스럽게 해결될 수 있으며, AI와 AR/VR 기술의 접목으로 더욱 풍부한 학습 경험을 제공할 수 있을 것이다. 클라우드 기술은 시공간의 제약도 넘어서게 할 것이다. 그러나 아무리 첨단 기술이 도입되더라도, 교실의 본질은 교사와 학생 간의 상호작용에 있다는 점을 기억해야 한다. 기술의 발전과 함께 교육 방법의 혁신, 교사의 디지털 역량 강화가 균형 있게 이루어질 때 진정한 미래 교실이 실현될 수 있다는 것을 잊지 말자.

04장. 황혼의 브라운관에서 새벽의 전자 칠판까지: 교실 디지털화의 여정 ◆◆◆

2000년대 이후부터 교실에서는 칠판과 함께 필수적인 역할을 하는 구성품이 있다. 바로 TV모니터이다. 컴퓨터와 결합하여 학생들에게 매우 큰 화면으로 교육 내용을 전달하는 TV모니터는 교실에서 매우 중심적인 역할을 한다. 이번 장에서는 수업을 위한 디스플레이 기기인 TV의 변천사에 대해 알아보도록 하자.

1980년대: 브라운관 TV가 뜨자, 운동장 조회가 사라졌다!

1980년대 중반, 학교 교실에 TV 보급이 시작되었다. 각 교실 전면 상단에는 브라운관 컬러 TV가 설치되었고, 이는 학교 중앙 방송망과 연결되어 있었다. 당시 교실

TV의 주된 용도는 교과 수업보다는 아침 방송 조회나 영상물 공동 시청에 있었다. 중앙 방송망을 통해 학교 전체나 학년별로 필요한 방송 프로그램을 송출할 수 있었다.

　하울쌤의 국민학교 시절, 교실에서 처음 방송 조회를 접했던 순간이 지금도 선명하다. 그때의 신기함과 기쁨은 아직도 잊히지 않는다. 더 이상 운동장에서 줄을 맞춰 서느라 긴장할 필요도, 따가운 햇볕 아래 땀을 흘리며 서 있을 필요도 없다는 사실이 얼마나 감격스러웠던가. 특히 교장 선생님의 '끝으로', '마지막으로', '진짜 마지막으로'로 이어지던 길고 긴 훈화 말씀이 끝난 뒤, 교실로 돌아가는 길에 발걸음이 맞지 않아 제식 훈련을 받아야 했던 그 시절은 이제 아득한 추억이 되어 버렸다.

　학교에 TV가 설치되면서 교육 환경은 놀라운 변화를 맞이했다. 무엇보다 학교 전체의 소통이 한결 수월해졌다. 교장 선생님의 훈화나 중요한 공지 사항이 전교생에게 동시에 전달되어 예전처럼 각 반별로 전달하는 번거로움이 사라졌다.
　또한, 학생들은 TV를 통해 더 넓은 세상을 만날 수 있게 되었다. 교과서와 칠판으로만 배우던 내용들을 생생한 영상으로 접하면서 아이들의 눈과 귀가 더욱 즐겁게 열렸다. 배움에 대한 호기심도 자연스레 커져갔다.
　전교생이 같은 방송을 보며 웃고 감동하는 경험은 학교 공동체를 더욱 끈끈하게 만들어 주었다. 하지만 당시 TV는 주로 방송 조회나 전체 행사 중계용으로만 활용되었을 뿐이었다. 교실의 브라운관 TV가 가진 교육적 잠재력을 완전히 살리지 못했던 것이다. 예를 들어, 과학 실험이나 역사적 사건, 자연 현상 등을 생생한 영상으로 보여 줄 수 있었음에도 대부분의 수업은 여전히 교과서와 칠판에 의존했다. 이는 당시로서는 영상 교육 자료가 충분히 확보되지 않았고, 많은 선생님이 새로운 교육 매체 활용에 익숙하지 않았기 때문이었다.

1990년대 후반~2000년대 초반: CRT 프로젝션 TV와 빔프로젝터

1. 육중한 몸집, 흐릿한 시선: 프로젝션 TV의 열광과 한계

1990년대 후반부터 2000년대 초반, 컴퓨터가 본격적으로 교실에 도입되기 시작했다. 정부는 교육의 질 향상을 위해 다양한 시청각 교육 도구를 도입했으며, 컴퓨터 보급과 함께 CRT 프로젝션 TV가 교실에 빠르게 보급되었다.

IMF 위기와 Y2K 문제 밀레니엄 버그를 지나며, 교육 현장은 아날로그에서 디지털로 전환되기 시작했다. 이 변화의 중심에는 컴퓨터와 프로젝션 TV가 있었다. 대형 프로젝션 TV를 통해 동영상, 애니메이션, 프레젠테이션 등 다양한 멀티미디어 자료가 수업에 활용되기 시작했다. 프로젝션 TV는 50인치 이상의 큰 화면으로 다양한 시청각 자료를 보여 줄 수 있었고, EBS와 같은 교육 방송 시청도 가능한 다목적 교구 역할을 했다.

CRT 프로젝션 TV는 여러 가지 심각한 단점을 가지고 있었다. 약 100kg에 달하는 무게와 큰 부피 때문에 설치와 이동이 어려웠고, 안전 문제도 뒤따랐다. 당시 TV가 넘어지면서 학생이 크게 다치는 안타까운 사고가 발생해 언론의 질책을 받기도 했다. 화면이 선명하지 않아 뒷자리 학생들이 잘 보지 못하는 경우가 많았고, 화면 왜곡을 방지하기 위해 두꺼운 디스플레이를

사용해야 했다. 또한 오랜 시간 사용하면 눈의 피로가 많이 발생했다. 이러한 단점들로 인해 CRT 방식의 프로젝션 TV는 점차 다른 기술로 대체되기 시작했다.

2. 공중에서 내리는 지식의 빛: 빔프로젝터의 시대

1부 2장에서 이미 다룬 내용이므로, 빔프로젝터의 등장과 발전 과정을 간략히 정리해 보도록 하자.

빔프로젝터는 2000년대 초반, CRT 프로젝션 TV의 대안으로 빔프로젝터가 등장했다. CRT 프로젝션 TV와는 달리 천장 설치 방식으로 공간 활용이 효율적이었고, 더 큰 화면과 넓은 시야각을

제공했다. 초기에는 설치 비용과 화질, 조명 문제 등의 단점이 있었지만, 지속적인 기술 개선으로 이를 극복했다.

특히 무선 연결, 인터랙티브 기능 등이 추가되면서 교육적 활용도가 높아졌고, 현재까지도 많은 학교에서 주요 교육 도구로 사용되고 있다. CRT 프로젝션 TV가 사라진 것과 달리, 빔프로젝터가 교육 현장에서 오랫동안 활용될 수 있었던 것은 이러한 기술적 진화 덕분이었다.

살은 빼고 화질은 올리고: LCD TV의 슬림한 혁명

2000년대 후반, 교실의 TV는 또 한 번의 변화를 맞이했다. 기존의 CRT 방식 프로젝션 TV와 빔프로젝터가 가지고 있던 여러 한계점을 해결한 LCD TV가 등장한 것이다.

특히 LCD TV는 화질이 더욱 선명해졌을 뿐만 아니라, 부피와 무게도 획기적으로 줄어들었다. 예를 들어, 60인치 TV를 비교해 보면 그 차이가 확연했다. LCD TV는 기존 CRT 프로젝션 TV에 비해 무게가 3분의 1 이하로 가벼워졌고, 두께도 10cm 이내로 얇아져 교실 벽면 설치와 관리가 한결 수월해졌다.

항목	CRT 방식 TV	LCD 방식 TV
부피	깊이 약 60cm 이상	깊이 약 5cm에서 10cm
무게	약 100kg 이상	약 20kg에서 30kg

LCD TV의 등장은 교실 환경에 혁신적인 변화를 가져왔다. 기존 CRT 방식과 비교하면 부피는 5-10배, 무게는 3-4배 이상 줄어들어, TV를 다시 교실 천장에 설치할 수 있게 되었다. 덕분에 학생들의 안전은 물론, 전체 학생의 시야 확보도 가능해졌다.

LCD TV는 빔프로젝터와 비교해서도 확실한 경쟁력을 가지고 있었다. 우선 가격이 더 저렴했고, 높은 해상도와 밝기, 선명한 화질, 자연스러운 색상 표현을 자랑했다. 특히 교실의 밝기에 관계없이 선명한 화면을 볼 수 있다는 점이 큰 장점이었다. 빔프로젝터처럼 주기적으로 램프를 교체할 필요도 없었고, 가벼운 무게 덕분에 천장 설치도 수월했다. 이처럼 기존 디스플레이 기기들의 대부분의 단점을 해결한 LCD TV는 교실 공간의 효율적 활용과 우수한 화질, 관리의 용이성을 모두 갖춘 기기로 자리 잡으며 현재까지도 많은 교실에서 유용하게 사용되고 있다.

발광하는 교육, 연결되는 지식: LED 스마트 TV의 시대

2009년 LED TV가 출시되고 2010년대 초부터 학교에서는 기존의 LCD TV를 대신해 LED TV가 보급되기 시작했다. 정부와 교육청은 디지털 교육 환경을 개선하기 위해 각급 학교에 LED TV를 도입했고, 많은 학교에서 기존의 노후 CRT 방식의 프로젝션 TV나 빔프로젝터를 LED TV로 교체하는 작업이 이루어졌다.

LED TV는 기존 LCD TV의 CCFL 백라이트를 LED로 변경하면서 획기적인 발전을 이루었다. LED 백라이트는 눈의 피로도를 줄여주고, 더 높은 명암비와 풍부한 색 재현으로 화질이 개선되었으며, 더 얇고 가벼운 디자인이 가능해졌다. 전력 소비도 줄어들고 내구성이 좋아 유지 보수 비용도 절감할 수 있었다.

특히 LED TV에 스마트 기능이 통합되면서 교실 환경의 획기적인 변화가 찾아왔다. 인터넷 연결과 교육용 앱 설치가 가능해지면서 수업의 다양성과 효율성이 높아졌고, TV는 단순한 영상 재생 기기에서 학생들과 상호작용하는 능동적인 교육 도구로 진화했다.

분필 가루 날리던 과거, 손끝으로 그리는 미래: 교실의 새로운 주연 전자칠판

현재 대부분의 교육청은 터치스크린 기능을 갖춘 전자칠판을 미래형 칠판으로 보고 보급에 열을 올리고 있다. 기존의 일방향으로만 활용되었던 칠판을 쌍방향으로 활용할 수 있도록 해 줄 것으로 보인다. 이 기술은 교실에서의 상호작용을 증대시키고, 디지털 콘텐츠를 활용한 다양한 학습 방법이 가능하게 해 줄 것이다.

사실 전자칠판이 학교 교실에 보급되기 시작한 것은 놀랍게도 2010년대 초반부터다. 일부 학교의 일이긴 하지만 15년여 전부터 쌍방향으로 칠판을 활용하고자 하는 욕구가 있어 왔다. 2010년 당시에 개발되었던 전자칠판은 저해상도 터치 기술과 연결 오류도 많았다. 선도적으로 전자칠판을 사용한 교실 중 많은 교실에서 전원을 빼놓거나 터치 기능을 비활성화해 두는 경우가 많았다.

항목	2010년대 초기 전자칠판	2020년대 전자칠판
기술	저해상도 터치 기술, 반응 속도 느리고 터치 정확도 낮음	고해상도 터치 기술, 멀티터치 기능 지원, 반응 속도 빠르고 터치 정확도 높음
소프트웨어	기본적인 판서 기능과 간단한 멀티미디어 재생 기능	다양한 교육용 소프트웨어와 애플리케이션 지원, 클라우드 기반 협업 기능 제공
연결성	주로 PC와의 유선 연결, 무선 연결 기능 제한적	무선 연결(Wi-Fi, Bluetooth) 기능 강화, 다양한 디바이스와 쉽게 연결 가능
화질	해상도가 낮아 선명도가 떨어짐	고해상도 디스플레이 사용, 선명하고 생생한 화질 제공
가격	초기 도입 비용이 높아 일부 학교에서만 사용	기술 발전과 대량 생산으로 가격이 낮아져 더 많은 학교에서 사용 가능

현재의 전자칠판은 교육 환경을 혁신적으로 변화시키고 있다. 고해상도 멀티터치 기술을 통해 여러 학생이 동시에 터치하며 필기하거나 수학 문제를 풀고 의견을 표현할 수 있게 되었다. 또한, 다양한 교육용 소프트웨어와 클라우드 기능을 지원하여 교사들은 여러 에듀테크 프로그램과 연계해 수업을 진행할 수 있게 되었

다. 특히 안정적인 무선 연결과 고해상도 디스플레이의 도입으로 기술적 문제가 크게 줄어 들었고, 가격 하락으로 더 많은 교실에서 도입이 가능해졌다.

교실의 디스플레이 기술은 단순한 영상 재생 도구에서 교육의 핵심 인프라로 끊임없이 진화해 왔다. 브라운관 TV를 시작으로 CRT 프로젝션 TV, 빔프로젝터, LCD TV, LED TV, 스마트 TV를 거쳐 전자칠판에 이르기까지, 각각의 새로운 기술은 교실 환경을 혁신적으로 변화시켜 왔다.

이제 디스플레이 기술은 AI와 VR/AR 기술의 만남을 통해 더욱 혁신적인 학습 경험을 준비하고 있다. AI 기반의 맞춤형 학습 시스템과 VR 헤드셋을 활용한 몰입형 학습 환경이 그 대표적인 예다. 더불어 유연한 디스플레이 기술의 발전은 교실 전체를 하나의 디스플레이 공간으로 탈바꿈시키는 새로운 가능성을 보여 주고 있다.

05장. 어디까지 지시해 봤니?: 나무 지시봉에서 터치펜 지시봉까지

나무 막대의 변신: 지시봉, 교실의 주연이 되다.

지시봉은 교육 현장에서 오랫동안 사용되어 온 중요한 도구이다. 이 도구는 주로 수업이나 프레젠테이션에서 특정 지점을 가리키거나 강조할 때 사용된다. 보통 길고 얇은 막대 모양으로 되어 있어, 교사가 손으로 잡고 쉽게 조작할 수 있다. 지시봉을 사용하면 학생들의 주의를 특정한 부분으로 집중시킬 수 있어, 설명이나 강의가 더 효과적으로 전달된다.

지시봉의 역사는 우리가 생각하는 것보다 훨씬 오래되었다. 고대 그리스와 로마 시대의 교육자들도 긴 막대를 사용해 학생들에게 설명했다는 기록이 있다. 동양에서도 공자와 그의 제자들이 긴 대나무 막대를 사용해 가르쳤다는 이야기가 전해진다.

우리나라의 예를 들면, 조선 시대의 서당에서도 훈장님이 긴 막대를 사용해 학생들을 가르쳤다는 기록이 있다. 이 막대는 단순히 글자나 그림을 가리키는 용도뿐만 아니라, 때로는 학생들을 훈계하는 도구로도 사용되었다. 이는 당시의 엄격한 교육 방식을 보여 주는 한 단면이기도 하다.

1900년대 초반, 전통적인 서당 교육이 막을 내리고 근대 교육이 시작되면서 지시봉은 교실의 필수품으로 자리 잡았다. 1930년대의 한 흑백 사진에는 지시봉을 들고 수업하는 교사의 모습이 생생하게 남아 있다. 당시 지시봉은 주로 나무로 만들어졌는데, 튼튼하고 오래 사용할 수 있어 교사들 사이에서 큰 호응을 얻었다.

1940~50년대를 거치며 지시봉은 교실에서 없어서는 안 될 도구가 되었다. 교육이 현대화되면서 칠판 사용이 일상화되었고, 이에 따라 지시봉의 활용도 더욱 높아졌다. 교사들은 지시봉으로 칠판의 글씨나 그림을 가리키며 학생들의 이해를 돕는 수업을 이어갔다.

1960년대까지도 교실에서는 나무 지시봉만이 주로 사용되었다. 이 시기의 지시봉은 단순한 수업 도구 이상의 의미를 지녔다. 교사의 권위를 상징하는 물건으로 여겨졌고, 때로는 학생 훈육의 도구로도 사용되었다. 이러한 모습은 당시 교육 현장에 여전히 남아 있던 서당식 교육의 권위적이고 엄격했던 분위기를 보여 주는 단면이라 할 수 있다.

참을 수 없는 가벼움: 플라스틱 지시봉의 아쉬운 데뷔

1960년대까지만 해도 교실의 지시봉은 대부분 나무로 만들어졌다. 그러다 1970~80년대에 들어서며 일상생활 곳곳에 플라스틱 제품이 보급되면서, 교육 현장에도 플라스틱 지시봉이 등장하게 되었다. 플라스틱 지시봉은 가볍고 내구성이 좋아 다루기 편했고, 다양한 색상으로 제작될 수 있어 시각적 효과도 뛰어났다.

하지만 예상과 달리 플라스틱 지시봉은 교육 현장에서 큰 호응을 얻지 못했다. 플라스틱의 저렴한 이미지가 교사의 권위와 체면을 중시하던 당시 교육 문화와 어울리지 않았기 때문이다. 게다가 가벼운 무게 때문에 칠판을 가리킬 때의 정확성이 떨어진다는 지적도 있었다.

결국 많은 선생님은 여전히 나무 지시봉을 선호했다. 전통적인 이미지와 견고함, 안정감 있는 사용감을 지닌 나무 지시봉은 2000년대까지도 교실에서 널리 사용되었다.

나무에서 금속으로: 지시봉의 화려한 변신

나무 지시봉의 자리를 차지한 것은 텔레스코픽 지시봉, 일명 '안테나 지시봉'이었다. '텔레스코픽 telescopic'이란 망원경처럼 길이를 늘이거나 줄일 수 있는 구조를 의미한다. 이 지시봉은 길이 조절이 자유로워 사용이 편리하고, 가벼운 무게 덕분에 휴대성도 뛰어나다. 이런 장점들로 인해 나무 지시봉을 빠르게 대체해 나갔다.

텔레스코픽 지시봉은 학교를 넘어 기업, 군대, 학원 등으로 그 활용 영역을 넓혀 갔다. 금속 소재로 만들어져 내구성이 좋았고, 길이 조절이 자유로워 다양한 용도로 사용할 수 있었기 때문이다. 심지어 독일의 문구 브랜드 스테들러 Staedtler 에서는 '트리플러스 텍스트 서프라이저 볼펜 Triplus Text Surphaser '이라는 제품을 선보였는데, 이는 지시봉 끝에 볼펜 기능을 더해 평소엔 필기구로 쓰다가 필요할 때 지시봉으로 바꿔 쓸 수 있는 혁신적인 아이템이었다.

1990년대 이후 텔레스코픽 지시봉이 대중화되면서 그 모양과 색상도 다채로워졌다. 손가락 모양, 하트 모양, 별 모양 등 학생들의 눈길을 사로잡는 디자인이 속속 등장했고, 색상도 알록달록 화려해졌다. 이는 '학생의 주의를 특정 부분으로 집중시키고 설명을 효과적으로 전달한다'는 지시봉 본연의 목적에 더욱 충실해진 진화였다.

오늘날에도 대한민국의 많은 교실에서 텔레스코픽 지시봉은 가장 대중적인 교육 도구로 자리 잡고 있다. 이는 지시봉 역사의 중요한 전환점이자, 교육 도구가 어떻게 시대의 요구에 맞춰 발전해 왔는지를 보여 주는 의미 있는 사례라 할 수 있다.

위험한 매력, 레이저 포인터: 찰나의 유행과 영원한 작별

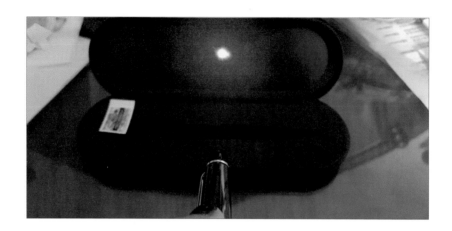

1990년대 레이저 포인터가 학교에서 사용되기 시작했다. 레이저 포인터는 마치 손전등처럼 버튼을 누르면 가는 빛줄기가 나와 벽이나 화면에 닿게 되는 장치이다. 1990년대 잠시 레이저 포인터가 유행하기도 했지만, 2000년이 되기 전 학교에서 자취를 감추게 되었다.

레이저 포인터는 세 가지 측면에서 한계를 보였다. 우선 학생들이 장난치다 시력을 다치는 사례가 보고되면서 안전성 문제가 대두되었고, LCD나 LED 화면의 보편화로 밝아진 화면에서는 잘 보이지 않게 되었다. 또한, 단순히 화면을 가리키는 것 외에는 기능이 제한적이었던 반면, 새로운 프리젠터 도구들은 확대, 하이라이트, 커스텀 이미지 삽입 등 다양한 기능을 제공하여 더 유용하게 활용될 수 있었다.

레이저 포인터의 퇴장은 한편으로는 아쉬움을 남겼지만, 다른 한편으로는 더 안전하고 기능적인 프레젠테이션 도구 개발의 계기가 되었다. 터치스크린, 스마트펜 등 프레젠테이션 기술은 레이저 포인터 이후로도 눈부신 발전을 거듭해 왔다. 레이저 포인터의 짧았던 역사는, 교육 현장에 적합한 프리젠테이션 도구란 어떤 것이어야 하는지에 대한 중요한 화두를 남긴 셈이다.

디지털 시대의 새로운 지시봉: 프리젠터의 등장

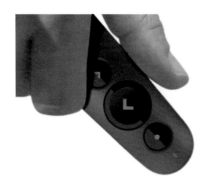

2000년대 초반, 학교에 컴퓨터와 프로젝터가 보급되면서 소프트웨어로 화면에 표시되는 디지털 지시봉인 프리젠터가 등장했다. 프리젠터는 특히 PPT 수업에서 진가를 발휘했는데, 화면의 특정 부분을 가리키고 페이지를 넘기는 기본 기능부터 암전, 볼륨 조절, 마우스 클릭까지 다양한 기능을 제공했다. 기존의 물리적 지시봉과 달리 포인터의 모양과 크기, 색상을 자유롭게 변경할 수 있었고, 교실 어느 곳에서나 사용할 수 있어 교사와 학생의 상호작용과 수업의 효율성을 한층 높였다.

프리젠터는 기존의 물리적 지시봉과 비교해 몇 가지 차별화된 장점을 가지고 있다. 우선 프리젠터는 소프트웨어 기반의 디지털 도구이기에 다양하고 유연한 기능을 탑재할 수 있다. 초기의 프리젠터는 PPT 페이지 이동과 간단한 포인터 표시 정도의 기본적인 기능만을 제공했지만, 최근에는 더욱 다양하고 섬세한 기능들을 갖추게 되었다. 화면 클릭과 마우스 포인터를 특정 그림이나 마크로 꾸미는 기능까지 더해져 수업의 집중도를 한층 높이고 있다. 특히 '레이저 포인터 메모리' 기능은 프리젠터의 숨겨진 핵심 기능으로 주목받고 있다. 이는 포인터의 마지막 위치를 기억하고 다시 그 자리로 돌아가는 기능으로, 크게 레이저 포인터 메모리, 슬라이드 위치 기억, 자동 재연결의 세 가지로 나뉜다. 이 기능의 성능은 프리젠터의 품질과 가격을 결정짓는 핵심 요소가 되었고, 교사들이 수업의 흐름을 자연스럽게 이어갈 수 있게 해 주었다.

기억의 마법사: 프리젠터의 숨겨진 초능력

프리젠터의 중요한 기능 중 하나로 '레이저 포인터 메모리' 또는 '위치 기억 기능'을 꼽을 수 있다.

이 기능은 크게 세 가지로 나눌 수 있다.

1. 레이저 포인터 메모리

프리젠터의 레이저 포인터가 마지막으로 가리킨 위치를 기억하여, 다시 사용할 때 동일한 위치를 가리킨다. 이는 발표자가 특정 부분을 강조하다가 잠시 중단한 후 다시 시작할 때 유용하다.

2. 슬라이드 위치 기억

프리젠터가 마지막으로 사용된 슬라이드 위치를 기억하여, 다시 사용할 때 해당 슬라이드로 빠르게 이동한다. 이 기능은 여러 슬라이드를 오가며 설명할 때 특히 유용하다.

3. 자동 재연결

프리젠터가 일시적으로 연결이 끊어졌다가 다시 연결될 때, 자동으로 마지막 사용 위치로 돌아간다. 이는 기술적 문제로 인한 중단을 최소화하여 발표의 흐름을 유지하는 데 도움을 준다.

이제 프리젠터는 단순한 지시 도구를 넘어 현대 교실의 필수적인 스마트 교육 도구로 자리 잡았다. 기존 지시봉으로는 불가능했던 다채로운 수업을 실현하며, 앞으로도 교사들의 수업을 이끄는 든든한 조력자로 발전할 것이다.

포인트는 터치다: 터치펜 지시봉으로 그리는 스마트 교실

현재 교육 현장의 최신 지시봉 기술로 터치펜 지시봉이 주목받고 있다. 이는 전자칠판의 확산과 함께 그 활용도가 급격히 높아지고 있는데, 특히 2020년대 초반부터 각 교육청이 전자칠판 보급을 적극적으로 추진하면서 교육 환경의 디지털화가 빠르게 진행되고 있다.

서울시교육청은 2024년까지 초등학교 5학년부터 고등학교 3학년까지 약 1만 5,000개 교실에 전자칠판을 설치할 계획이다. 대전시교육청은 2023년까지 7,000개 교실에 전자칠판을 설치하고 디지털 교육 인프라를 확충하고 있으며, 경상북도교육청은 2023년부터 신규 TV 설치 시 전자칠판으로 교체하는 정책을 추진하고 있다.

전자칠판의 보급과 함께 주목받는 것이 바로 터치펜 지시봉이다. 손가락이나 일반 터치펜도 사용할 수 있지만, 기존 지시봉의 장점과 터치펜의 편리함을 결합한 터치펜 지시봉이 교사들 사이에서 큰 호응을 얻고 있다.

터치펜 지시봉은 길이 조절이 가능하면서도 전자칠판의 터치 기능을 완벽하게 구현한다. 이는 학생들이 디지털 도구를 자연스럽게 접하고 활용하게 함으로써, 미래 사회에 필요한 디지털 리터러시 향상에도 기여하고 있다.

향후에는 AI 기술과 결합되어 교사의 동작을 인식하고 학생들의 반응을 실시간으로 분석하는 등 더욱 진화된 모습을 보여 줄 것으로 기대된다.

막대기에서 AI까지: 지시봉의 놀라운 여정과 미래

지금까지 우리는 지시봉의 진화 과정을 살펴보았다. 교실에서 학생들의 주의를 집중시키는 일이 중요했던 만큼, 지시봉은 시대의 요구에 발맞춰 끊임없이 변화해 왔다. 나무 막대기에서 시작해 텔레스코픽 지시봉, 레이저 포인터, 프리젠터, 그리고 터치펜 지시봉에 이르기까지, 매 단계마다 혁신적인 기능이 더해졌다.

이러한 발전은 단순한 기술의 진보를 넘어선다. 그것은 교육 방식의 변화, 학습 환경의 디지털화, 나아가 교실 속 상호작용의 진화를 고스란히 보여 준다. 프리젠터의 등장이 멀티미디어 교육의 보편화와 맥을 같이했듯, 터치펜 지시봉은 양방향 학습 환경의 중요성을 대변한다.

앞으로는 더욱 통합된 형태의 교육 도구가 등장할 것이다. AI와 IoT 기술이 접목된 스마트 지시봉은 학생들의 반응을 실시간으로 분석하고, VR/AR과 연동하여 몰입도 높은 학습 경험을 제공할 것이다. 그러나 이러한 기술이 단지 도구일 뿐이며 그 중심에는 언제나 학습자와 교육자가 있다는 점은 잊지 않도록 하자.

06장. 산가지에서 AI까지: 한국 수학 교구의 천 년 여정

주판에서 AI까지: 수학 교구의 시간 여행

수학 교구는 추상적인 수학 개념을 구체화하여 학습자의 이해를 돕는 필수 도구다. 시각적, 촉각적 경험을 통해 수학적 직관을 키우고, 학습 동기를 높이며, 개념의 응용력을 향상시킨다. 초등교육에서는 수학적 사고의 기초를, 중등교육에서는 복잡한 추상 개념을 실생활과 연결 짓는 데 중요한 역할을 한다. 우리 조상들의 산가지, 주판, 셈 돌 등 전통 수학 교구는 단순한 도구를 넘어 당시의 수학 교육 철학과 방법을 담고 있으며, 이를 고찰하는 것은 현대 수학 교구의 발전 과정을 이해하는 중요한 출발점이 될 것이다.

조약돌에서 주판까지: 한국 수학 교구의 진화

한국의 수학 교구 역사는 삼국 시대 이전의 고대로 거슬러 올라간다. 우리 조상들은 일상에서 쉽게 구할 수 있는 물건들을 활용해 수학적 개념을 이해하고 계산을 수행했다. 이러한 전통적인 수학 교구들은 단순한 계산 도구를 넘어, 우리 조상들의 수학적 사고를 형성하고 발전시키는 데 중요한 역할을 했다.

1. 초기의 계산 도구

1) 산가지(算가지)

특징: 가는 나무 막대기로 숫자를 표현하고 간단한 계산을 하는 데 사용되었다.

유래: 중국의 산대算籌에서 유래했지만 한국에서 독자적으로 발전했다.

활용: 덧셈, 뺄셈, 곱셈 등의 기본 연산에 사용되었으며 수의 자릿값 개념을 이해하는 데 도움을 주었다.

2) 셈 돌

재료: 조약돌이나 콩, 팥 등 일상에서 쉽게 구할 수 있는 물건들을 사용했다.

활용: 수를 세고 기본적인 연산을 수행했다.

의의: 일대일 대응 개념의 기초가 되었으며 구체물을 통한 수 개념 형성에 기여했다.

2. 조선 시대의 수학 교구

1) 주산(珠算)

도입: 15세기경 중국에서 도입되
　　　었다.

특징: '주산'이라 불리며 덧셈, 뺄
　　　셈, 곱셈, 나눗셈 등 복잡한
　　　계산에 널리 사용되었다.

발전: 조선 후기에는 상인들 사이에서 필수적인 도구가 되었으며, 속셈 능력 향
　　　상에 크게 기여했다.

2) 측량 도구

단위: 척尺, 보步 등의 단위를 사용해 거리
　　　와 면적을 측정했다.

도구: 윤척輪尺이라는 도구를 이용해 원의
　　　지름과 둘레를 측정하기도 했다.

의의: 이는 기하학적 개념의 실제 적용이었
　　　으며 실생활에서의 수학 활용 능력을
　　　키웠다.

　이러한 전통적인 수학 교구들은 우리 조상들의 일상생활과 밀접하게 연관되어
있었다. 이들은 단순한 계산 도구를 넘어 당시의 수학적 사고방식과 교육 철학을
반영하고 있다. 산가지와 셈 돌은 구체적 조작을 통한 수 개념 형성을, 주산은 추
상적 사고로의 전환을, 그리고 측량 도구는 실생활 속 수학의 적용을 보여 준다.

각도기가 그린 새로운 지평선: 개화기 수학 교육의 혁명

1. 근대적 수학 교육의 도입

1876년 개항 이후, 특히 19세기 말 조선은 급격한 변화의 시기를 맞이했다. 1895년 고종의 '교육입국조서'는 근대적 학제의 시작을 알렸고, 이는 수학 교육에도 큰 영향을 미쳤다.

1) 최초의 근대적 수학 교과서

- 산술신서算術新書, 1895년: 학부에서 편찬한 최초의 근대적 수학 교과서다. 이 책은 일본의 '초등산술서'를 번역한 것으로, 아라비아 숫자와 근대적 수학 기호를 도입했다.
- 산학신편算學新編, 1900년: 이상설이 편찬한 교과서로, '산술신서'와 달리 우리나라 실정에 맞는 예제들을 포함하여 학생들의 이해를 돕고자 했다. 이는 한국인에 의한 최초의 근대적 수학 교과서로 평가받는다.

이러한 교과서들은 그 자체로 중요한 교구 역할을 했다. 학생들은 처음으로 체계적으로 정리된 수학 개념과 문제들을 접할 수 있었다.

2) 새로운 수학 용어의 도입

근대적 수학 교육의 도입과 함께 새로운 수학 용어들이 만들어졌다. '더하기', '빼기', '곱하기', '나누기' 등의 용어가 이 시기에 정착되었다. 이는 학생들의 수학적 사고와 표현에 큰 영향을 미쳤다.

2. 서양식 교구의 도입

서양 수학의 도입과 함께 새로운 수학 교구들이 학교 현장에 등장했다.

1) 측정 도구

- 미터자: 전통적인 자$_R$를 대체하여 미터법에 기반한 정확한 측정을 가능하게 했다. 학생들은 처음으로 국제 표준 단위를 접하게 되었다.
- 각도기: 각도 개념의 학습과 정확한 각도 측정에 사용되었다. 이는 기하학 교육에 큰 변화를 가져왔다.

2) 작도 도구

- 컴퍼스: 원의 작도와 거리 측정에 사용되었다. 이를 통해 학생들은 정확한 기하학적 작도를 배울 수 있었다.
- 제도용 삼각자: 직각과 특정 각도의 정확한 작도에 사용되었다.

3) 계산 도구

- 주산珠算: 비록 전통적 도구지만 이 시기에 더욱 체계적으로 교육되었다. 특히 상업학교에서 중요하게 다루어졌다.
- 계산자$_{R, 척}$: 로그의 원리를 이용한 계산 도구로, 복잡한 곱셈, 나눗셈, 거듭제곱, 루트 등을 빠르게 수행할 수 있게 했다. 주로 고등 교육과 공학 분야에서 사용되었다.

3. 교육 방법의 변화

새로운 교구의 도입은 교육 방법의 변화도 가져왔다.

1) 실습 중심 교육

- 수학 실험실: 일부 선진적인 학교에서는 수학 실험실을 설치하여 학생들이 직접 교구를 다루며 학습할 수 있게 했다.
- 모형 교구: 기하학적 입체 모형들이 도입되어 학생들이 3차원 도형을 직접 만지고 관찰할 수 있게 되었다.

2) 시각적 교육

- 벽걸이 차트: 교실 벽면에 걸어 두는 큰 크기의 차트로, 곱셈표, 도형의 성질, 단위 변환표 등을 표시했다.
- 그래프 용지: 함수와 통계 개념을 시각적으로 이해하는 데 사용되었다.

19세기 말부터 20세기 초까지의 근대화 시기는 한국 수학 교육의 큰 전환점이었다. 새로운 교과서와 교구의 도입은 단순히 도구의 변화를 넘어, 수학을 바라보는 관점과 학습 방식의 근본적인 변화의 시발점이 되었다. 이 시기의 변화는 이후 한국 수학 교육의 발전 방향을 결정짓는 중요한 기초가 되었다. 이러한 근대화 시기의 변화는 20세기 중반 이후 한국 수학 교육의 비약적 발전을 위한 토대를 마련했다.

막대와 고무줄로 푸는 수학의 비밀: 1960~80년대 교구 혁명

1960~1980년대는 한국 교육의 현대화가 본격적으로 이루어진 시기였다. 급속한 경제 성장과 함께 교육 분야에서도 큰 변화가 일어났으며, 수학 교육에서는 다양한 혁신적인 교구들이 도입되어 학생들의 수학적 사고력 향상에 크게 이바지했다. 이 시기에 도입된 주요 수학 교구들을 살펴보자.

1. 수모형 숫자 막대
수모형은 1960년대 초 한국 교육 현장에 도입된 혁신적인 교구였다.

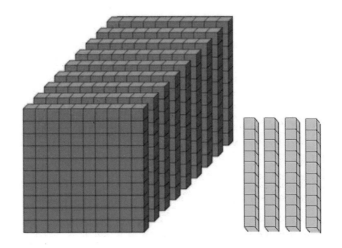

수모형은 우리나라 수학 교육에서 오랫동안 사용된 대표적인 교구 중 하나다. 1의 자리부터 1,000의 자리까지 각각 다른 색과 길이의 막대로 구성되어 있어, 십진법의 개념을 직관적으로 이해하는 데 도움을 준다.

학생들은 이 막대를 직접 조작하며 덧셈, 뺄셈, 곱셈, 나눗셈의 원리를 자연스럽게 익힐 수 있었다. 특히 수모형의 도입은 추상적인 수 개념을 구체적으로 조작할 수 있게 함으로써 학생들의 수 감각 발달에 크게 이바지했다.

2. 탱그램

탱그램은 1970년대 중반 한국 수학 교육에 공
식적으로 도입되었다.

탱그램은 전통적인 중국의 칠교판을 교육용으
로 활용한 대표적인 수학 교구다. 정사각형을 7
개의 기하학적 도형으로 분할한 퍼즐로, 우리나
라 수학 교육에서도 오랫동안 활용되어 왔다.

학생들은 이 조각들을 다양하게 조합하여 여러
모양을 만들며 창의력과 공간 지각력을 키울 수 있다. 특히 탱그램 활동은 수학을 재
미있는 놀이로 인식하게 하여 수학에 대한 긍정적인 태도를 형성하는 데 도움을 준다.

3. 지오보드

지오보드는 1970년대 후반 한국 수학 교육 현장에 도입되었다.

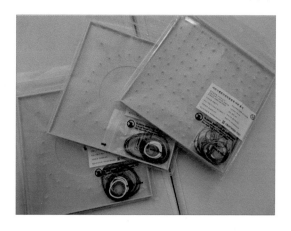

지오보드는 정사각형 판에 일정한 간격으로 못을 박아 만든 수학 교구로, 초기
에는 나무판에 수제작으로 제작되었다. 고무줄을 이용해 다양한 도형을 만들 수
있어, 학생들이 도형의 넓이, 둘레, 각도 등의 개념을 직접 탐구하며 기하학적 직
관을 기를 수 있다.

픽셀로 그리는 수학의 미래: 1990년대 디지털 교구 혁명

1990년대부터 2000년대에 걸쳐 디지털 기술의 급속한 발전은 수학 교육에도 큰 변화를 가져왔다. 특히 한국은 PC와 인터넷 보급률이 세계 최고 수준에 오르면서, 교육 현장의 디지털화도 빠르게 진행되었다.

이러한 배경 속에서 등장한 주요 디지털 수학 교구들을 살펴보자.

1. 그래픽 계산기

그래픽 계산기는 1990년대 중반부터 우리나라 고등학교를 중심으로 보급되기 시작했다. 특히 1997년 제7차 교육과정에서 공식적으로 사용이 권장되면서 그 활용도가 높아졌다. 이 도구의 가장 큰 특징은 함수 그래프를 실시간으로 그리고 조작할 수 있다는 점이다. 또한, 복잡한 계산을 신속하게 처리하고, 데이터를 저장하고 분석할 수 있는 기능도 갖추고 있었다.

학생들은 그래픽 계산기를 통해 함수를 시각적으로 이해할 수 있게 되었고, 복잡한 계산에서 벗어나 개념 이해에 더 집중할 수 있게 되었다. 실생활 데이터를 활용한 통계 학습도 가능해졌다.

2. 교육용 소프트웨어

1990년대 후반부터 2000년대 초반, CD-ROM 형태의 교육용 소프트웨어가 널리 보급되기 시작했다. 새롬교육, 씽크웨어 등 여러 교육 기업들이 초등학교부터 고등학교까지 다양한 수학 학습 프로그램을 개발했으며, 애니메이션과 음성 설명을 통해 수학 개념을 시각적, 청각적으로 설명했다.

2000년대에는 '에듀넷' 같은 온라인 학습 사이트가 등장하며 시공간 제약 없는 학습이 가능해졌다. 1990~2000년대의 디지털 수학 교구 도입은 수학 교육의 전환점이 되어 추상적 개념의 시각화와 자기 주도적 학습을 가능하게 했다.

2010년대 이후에는 태블릿 PC와 스마트폰 기반 수학 교육 앱, AI 기반 개인화 학습 시스템이 등장했으며, 이는 COVID-19 상황에서 온라인 수학 교육의 기반이 되었다. 앞으로의 수학 교육은 전통적 교육의 장점을 살리면서 새로운 기술을 효과적으로 활용하는 균형 잡힌 접근이 필요할 것이다.

버퍼링 걸린 스마트 교육: 현장 교사들의 솔직한 이야기

2010년대 이후 '스마트 교육 추진 전략'으로 교육계의 디지털 변혁이 시작되었다. 하지만 현장의 목소리는 이상과 현실의 간극을 보여 주고 있다.

디지털 교과서는 불안정한 와이파이와 태블릿 충전 문제로 활용이 제한되었다. AR/VR 기술은 수학과 과학 교육에서 큰 기대를 모았으나, 고가의 장비와 한정된 수업 시간이 장애물이 되었다. AI 기반 학습 시스템은 교육의 개별화를 약속했지만, 초기 시스템들은 학생들의 다양한 학습 스타일을 제대로 반영하지 못했다.

그러나 일부 학교에서는 AI 튜터링으로 기초 학력 부진 학생들의 성적이 향상되는 등 의미 있는 성과를 거두었다. 스마트 교육의 성공적 안착을 위해서는 학교별 여건을 고려한 단계적 기술 도입, 교사 연수 지원, 양질의 디지털 콘텐츠 개발이 필요하다.

교실의 디지털 혁신은 여전히 진행 중이다. 화려한 기술의 도입보다 중요한 것은 교사와 학생의 필요를 이해하고, 현장의 여건을 고려한 단계적 접근이다.

앞으로의 수학 교육은 AI와 VR/AR 기술의 발전으로 더욱 개인화되고 상호작용적인 방향으로 나아갈 것이다. 그러나 이러한 기술적 진보 속에서도 수학적 사고력과 문제 해결 능력을 키우는 교육의 본질은 변하지 않을 것이다. 결국 미래의 수학 교육은 전통과 혁신, 인간의 지혜와 인공지능의 능력이 조화롭게 어우러진 형태로 발전해 나갈 것으로 전망된다.

07장. 음악 교육 도구의 진화: 풍금에서 AI까지

음악 교육은 시대와 기술의 변화에 따라 진화해 왔다. 이상적인 음악 교육은 개별 악기와 일대일 레슨이지만, 학교 교육은 현실적 제약이 있다. 그러나 이런 한계는 혁신을 이끌었다. 한 대의 풍금으로 시작된 음악 교육은 종이 피아노, 멜로디언과 같은 창의적 대안을 거쳐 이제는 AI 맞춤형 교육까지 발전했다.

이번 장에서는 시대별 음악 교육 도구의 변천사와 미래의 가능성을 살펴보도록 하자.

풍금의 노래: 100년의 교실 울림

풍금이라는 명칭은 서양의 오르간Organ을 한자식으로 번역한 것으로, 우리나라에서는 리드 오르간Reed Organ을 일컫는다. 1896년경 선교사들에 의해 한국의 교회와 학교에 유입되어 1900년대 초반부터 교육에 널리 사용되었다.

풍금은 건반만으로는 소리가 나지 않고 발판을 밟아야 소리가 난다. 발로 밟는 풀무가 공기를 압축하고 빨아들이면서 그 특유의 바람 소리가 나는 것이 특징이다. 1980년대 후반까지 학교 교실에서 사용되었던 풍금은 음악 교육의 상징적 도구였으며, 선생님이 풍금으로 반주하며 학생들과 노래하던 모습은 한 시대의 교실 풍경을 대표한다.

1900년대 초반에서 1980년대 후반까지 거의 100년 가까이 학교에서 피아노 대신 풍금을 사용한 데에는 여러 이유가 있다. 풍금은 피아노보다 구매와 유지 보수 비용이 저렴한 경제성을 갖추었고, 작은 크기로 설치와 이동이 용이했으며, 온도와 습도에 강하고 관리가 쉬운 내구성을 지녔다. 또한, 조율이 불필요하며 일정한 음정을 유지할 수 있는 장점도 있었다.

풍금은 다양한 교육적 가치를 지녔다. 노래를 통해 학생들의 언어 능력을 향상시켰고, 찬송가를 통해 신앙심 함양과 공동체 의식을 강화했으며, 음악을 통한 감정 표현과 스트레스 해소라는 정서 교육의 역할도 담당했다. 또한, 서양 음악과 문화를 소개하는 문화 교육의 도구로도 활용되었다.

이러한 다면적 활용은 한국 교육의 근대화 과정에서 중요한 역할을 했으며, 오늘날 교육 혁신의 의미 있는 사례로 평가받고 있다.

음악실의 귀족, 피아노: 화려함과 그늘 사이

20세기 중반부터 학교에 보급된 피아노는 뛰어난 음악적 표현력으로 교육의 질을 높였지만, 비용과 관리의 어려움으로 음악실에만 제한적으로 설치되었다.

피아노는 풍금보다 다양한 음색을 표현할 수 있으며, 88개의 건반으로 폭넓은 표현이 가능하고, 다양한 음색과 음량 조절이 가능하다는 특징과 장점이 있다. 반

면 광범위한 도입이 어렵고, 크기와 무게로 인한 한계가 있으며, 정기적 조율과 특별 관리가 필요하다는 단점을 가지고 있다. 교육적으로는 클래식 음악 교육과 음악 이론, 화성학 교육이 가능하며, 전문적인 연주 기술 습득에도 활용될 수 있다.

　피아노의 뛰어난 교육적 가치와 현실적 제약은 '특별한 악기'라는 양면성을 만들었고, 이는 오늘날까지 음악 교육의 과제로 남아 있다.

소리 없는 꿈의 건반: 종이 피아노 이야기

　종이 피아노는 20세기 초반부터 1960년대까지 학생들이 피아노 연습을 위해 사용했던 교육 도구이다. 실제 피아노의 건반을 본떠 만든 종이 모형으로, 보통 2~3옥타브 정도의 범위를 가졌다. 경제적 여건으로 실제 피아노를 구비하기 어려웠던 시기에 학생들은 이를 통해 건반의 배열, 손가락 번호, 기본적인 운지법을 익혔다.

　　종이 피아노는 실제 피아노를 모방한 종이 건반으로 되어 있고, 저렴한 비용과 뛰어난 휴대성을 갖추었으며, 기초적인 운지법과 손가락 위치 학습이 가능하다는 장점이 있다. 하지만 소리와 터치감이 없고, 실제 연주 기술 습득이 어려우며, 음정 훈련이 불가능하다는 단점을 가지고 있다.

　　종이 피아노는 소리는 나지 않았지만, 특히 농어촌 지역이나 경제적으로 어려운 가정의 학생들에게 음악 교육의 기회를 제공하는 중요한 도구였다. 학생들은 종이 피아노로 기초를 익힌 후, 학교에서 제공하는 실제 피아노나 풍금으로 연습을 이어갈 수 있었다. 이는 당시 "우리도 할 수 있다"라는 근대화 교육의 일환으로, 더 많은 학생이 서양 음악을 접하고 학습할 수 있는 기회를 제공했다.

가방 속 작은 피아노: 멜로디언과 함께한 음악 시간

　　멜로디언멜로디혼은 1960년대부터 보급되기 시작하여 종이 피아노를 대체하고 널리 사용된 휴대용 건반 악기이다. 입으로 불어 소리를 내는 방식의 이 악기는 보통 2~3옥타브 범위의 음역을 제공했다. 피아노나 풍금에 비해 저렴하고 휴대가 편리해서 많은 학교에서 음악 교육용 악기로 채택되었다.

멜로디언은 실제 소리로 음정 학습이 가능하고, 저렴한 가격과 뛰어난 휴대성을 갖추었으며, 독주와 합주가 모두 가능하다는 장점이 있다. 반면 피아노보다 좁은 음역대를 가지고 있고, 단일한 음색만 표현 가능하며, 피아노와는 다른 건반 감각을 가진다는 제한점이 있다.

멜로디언은 개별 학생이 구매할 수 있을 만큼 저렴해 학교와 가정에서 모두 사용할 수 있었다. 이러한 접근성은 음악 교육을 특별 활동이 아닌 일상적인 학습으로 만드는 데 이바지했다.

종이 건반과 멜로디언을 떠나보내며

1960~70년대, 종이 피아노와 멜로디언은 제한된 여건 속에서 피아노를 대체하는 소중한 교육 도구였다. 소리 없는 종이 건반과 숨결로 연주하는 멜로디언은 각자의 방식으로 음악의 기초를 전달했다.

이 소박한 도구들은 저렴한 비용으로 많은 학생에게 음악 학습 기회를 제공했다. 기초 음악 이론부터 실제 연주까지 제한된 환경에서도 창의적인 음악 교육을 가능하게 했다.

풍금의 후예, 디지털의 선구자: 전자 오르간의 혁명적 간주곡

전자 오르간은 1970년대 후반부터 1990년대 초반까지 풍금과 디지털 피아노 사이를 잇는 혁신적 교육 도구였다. 전자음과 자동 반주 기능은 당시 학생들에게 미래 음악의 새로운 가능성을 보여 주었다.

전자 키보드는 전자적 음색 생성으로 다양한 악기음을 구현할 수 있고, 자동 반주와 리듬 기능이 탑재되어 있으며, 가벼운 무게로 관리가 쉽다는 특징과 장점이 있다. 교육적으로는 다양한 악기 음색을 체험할 수 있고, 리듬 패턴과 합주 학습이 가능하며, 디지털 음악 교육의 시작점이 되었다.

전자 오르간의 가벼운 무게와 우수한 이동성은 여러 교실에서의 활용을 가능하게 했다. 자동 반주와 다양한 음색은 학생들의 음악적 경험을 확장했고, 짧은 사용 기간에도 불구하고 디지털 음악 교육의 가능성을 보여 주었다.

88개의 키, 무한한 가능성: 디지털 피아노의 교실 점령기

1970년대 후반부터 전자 오르간과 전자 피아노가 보급되면서 풍금은 점차 학교에서 자취를 감추게 되었다. 풍금의 뒤를 이어 전자 오르간이 학교에서 잠시 사용되었다가 1990년대가 되면서 대부분의 학교에서는 전자 피아노가 사용되었다. 전자 오르간과 디지털 피아노의 차이를 알고 싶다면 아래의 표를 참고하면 된다.

구분	전자 오르간	디지털 피아노
건반	가벼운 터치감	피아노형 터치감
기본 음색	오르간 중심	피아노 중심
주용도	반주, 리듬박스	피아노 연주, 교육
사용 시기	70년대 후반~90년대 초	90년대 이후

디지털 피아노는 풍부한 기능과 높은 활용성으로 현대 음악 교육의 핵심 도구로 자리 잡았다. 메트로놈, 자동 반주, 녹음 기능은 학생들의 자기 주도적 학습을 돕고, 다양한 음색과 리듬은 창의적인 음악 활동을 가능하게 한다. 특히 헤드폰 사용으로 개별 학습이 가능해져 맞춤형 교육의 새로운 지평을 열었다.

클릭 한 번에 열리는 음악의 세계: 디지털 시대의 음악 교실

21세기 음악 교육은 컴퓨터와 인터넷의 보급으로 큰 변화를 맞았다. 온라인 교육 플랫폼이 전통적 수업 방식을 혁신적으로 바꾸면서, 고품질 디지털 콘텐츠 제공, 다양한 상호작용 기능, 맞춤형 학습 지원이 가능해졌다. 이는 수업 준비와 진행을 용이하게 하고 대규모 학급 교육의 효율화를 이루었지만, 과도한 디지털 의존에 대한 우려도 제기되고 있다.

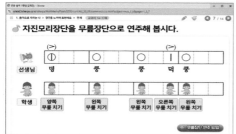

디지털 기반의 음악 교육은 현재 대부분의 초등학교에서 주된 교수법으로 자리 잡았다. 온라인 플랫폼과 교육용 앱은 시공간 제약 없는 음악 학습을 가능하게 했고, 앞으로도 기술과 교육의 혁신적 융합을 통해 음악 교육은 더욱 창의적이고 효과적으로 발전할 것으로 전망된다.

디지털 귀와 가상의 손: AI 튜터가 이끄는 음악 교육의 미래

2020년대에 들어서면서 인공지능AI 기술이 음악 교육 분야에 본격적으로 도입되기 시작했다. AI의 발전은 음악 교육의 패러다임을 또 한 번 크게 변화시키고 있다.

AI 음악 교육의 핵심 기능으로는 개인별 맞춤 학습과 실시간 피드백, AI 기반 작곡 도구와 가상 튜터, 그리고 학습 지원 시스템이 있다. 이는 즉각적 피드백과 개별화된 학습을 가능하게 하고 시공간 제약 없는 교육 환경을 제공하지만, 기술 의존도와 프라이버시 우려라는 과제도 안고 있다.

AI 기반 음악 교육 도구는 개인화된 학습과 실시간 피드백으로 학생들의 창의적 음악 활동을 지원한다. 아직 초기 단계지만, 전통 교육과 AI 기술의 조화는 음악 교육의 새 지평을 열 것으로 기대된다. 다만 AI는 교사를 대체하기보다 보완하며, 더 효과적인 교육을 위한 조력자 역할을 할 것이다.

한계를 넘어 울리는 음악 교육의 미래

풍금에서 AI까지 음악 교육 도구의 진화는 기술의 발전과 교육 철학의 변화를 고스란히 담아 왔다. 각 시대의 도구들은 교실이라는 제한된 공간과 현실적 제약을 창의적으로 극복하며 더 나은 학습 경험을 만들어 왔다.

이러한 여정에서 우리는 귀중한 교훈을 얻었다.

- 제약은 혁신의 원동력이 된다.
- 기술은 도구일 뿐 음악 교육의 본질은 변함없다.
- 현실적 한계 속에서도 최선의 방법을 찾아야 한다.
- 학습자의 창의성과 표현력 계발이 궁극적 목표다.

이제 AI와 VR이라는 새로운 도구가 음악 교육의 지평을 넓히고 있다. 그러나 우리의 과제는 분명하다. 첨단 기술을 수용하되 음악의 본질을 잃지 않는 것, 그리고 과거 종이 피아노가 그랬듯 이러한 혁신이 모든 학생에게 의미 있는 음악 교육의 기회가 되도록 하는 것이다.

08장. 언어 학습의 장벽을 허무는 기술 여정: 종이사전에서 AI 번역까지

졸업식 날의 무게: 사전으로 시작된 새로운 언어 여정

    1991년 2월의 늦겨울, 하울쌤은 국민학교 졸업식장에 들어섰다. 운동장에는 아침 서리가 하얗게 내려앉아 있었고, 강당에서는 학생들의 들뜬 웃음소리가 울렸다. 졸업장과 함께 영어 사전을 받자 작지만 묵직한 무게가 긴장된 손에 전해졌다. 중학생이 되면 처음 배우게 될 영어, 그 도구가 될 사전을 쥐자 가슴이 두근거렸다. 친구들도 모두 같은 영어 사전을 들고 있었다. 민중서림 "포켓영한사전"의 푸른 표지가 교실을 수놓았다.

    졸업식이 끝나고 차 안에서 하울쌤은 손에 쥔 영어 사전을 넘기며 설렘을 감출 수 없었다. 처음 보는 알파벳들과 낯선 단어들이 가득했지만, 이상하게 가슴이 두근거렸다. 나중에야 알았다. 선배들도, 후배들도 모두 이 순간을 거쳐 갔다는 걸.

그 작은 포켓 사선 한 권이, 우리가 드디어 중학생이 되었음을 알리는 신호탄이었다는 사실을 말이다.

사전으로 시작된 언어 학습 (1890~1990년대)

1. 제1외국어가 바뀌자: 영한즈뎐, 이 땅에 오시다

언어 학습, 특히 외국어 학습에서 사전은 필수적인 도구였다. 우리나라의 외국어 교육은 시대에 따라 크게 변화해 왔다. 일제 강점기 이전까지는 중국어가, 일제 강점기에는 일본어가 제1외국어였다. 광복과 한국전쟁을 거치면서 영어가 제1외국어로 자리 잡았고, 이는 오늘날까지 이어지고 있다. 이러한 역사적 변화는 외국어 학습 도구, 특히 사전의 발전에도 큰 영향을 미쳤다.

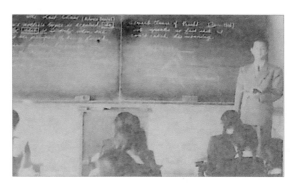

우리나라 최초의 영한 사전 및 한영 사전은 1890년 요코하마에서 간행된 호러스 그랜트 언더우드가 집필한 "한영즈뎐" 및 "영한즈뎐"이다. 광복 이후에는 류형기 목사가 편찬한 "신생영한사전1946", "신생한영사전1947"이 발간되었다. 이후 1950~60년대에는 민중서림의 "포켓영한사전"이 대중적인 사전으로 자리 잡았으며, 1990년대까지도 널리 사용되었다. 이러한 종이 사전의 시대는 이후 전자 사전과 디지털 시대의 도래와 함께 새로운 변화를 맞이하게 된다.

2. 종이와 잉크의 시대: 1960년대까지의 영단어 탐험기

1960년대 영어 학습은 종이 사전이 유일한 도구였다. 한국 전쟁 이후 영어 교육의 필요성이 커졌지만, 학습 방법은 여전히 전통적인 사전 활용에 머물렀다. 당시에는 휴대용 포켓 사전부터 가정용 대형 사전까지 다양한 종류가 있었는데, 특히 민중서림의 "포켓영한사전"과 동아출판사의 "동아 프라임 영한사전"이 대표적이었다.

종이 사전은 단어의 의미와 발음을 찾는 기본 기능을 넘어 학습 도구로도 활용되었다. 학생들은 새로운 단어를 만날 때마다 사전을 찾아가며 어휘력을 키웠다. 이러한 학습 방식은 의도치 않은 단어 발견과 철자 학습이라는 장점이 있었지만, 검색 속도가 느리고 휴대가 불편하다는 단점도 있었다.

이러한 종이 사전 중심의 학습은 1990년대까지 이어졌고, 2000년대 초반 전자 사전이 등장하면서 비로소 큰 변화를 맞이하게 된다. 비록 오늘날의 관점에서는 불편해 보일 수 있으나, 이는 현대 영어 학습 환경의 중요한 토대가 되었다.

소리를 만난 영어 학습 (1980~1990년대)

들어는 보았나? 닥터위콤 그리고 어학실

1980년대부터 종이 사전 중심의 영어 학습에
청취 학습이 더해졌다. 대표적인 교구인 '닥터위
콤 어학기'는 카세트테이프로 원어민 발음을 듣
고 따라 말하는 개인 학습용 기기였다.

닥터위콤 어학기

학교에서는 별도의 어학실을 운영했다. 어학실
에는 영어 교재와 카세트테이프, CD 플레이어
등 시청각 장비가 구비되어 있었다. 학생들은 수
업 시간 외에도 자유롭게 청취 학습을 할 수 있었지만, 역설적이게도 영어는 이 특
별한 공간에서만 '살아있는' 언어였다. 교실 밖 일상에서는 여전히 단어와 문법만
이 존재하는 '죽은' 언어로 남아 있었다.

이러한 소리 기반 영어 교육은 기존의 문법, 독해 중심에서 벗어나 실제 의사소
통 능력 향상에 초점을 맞췄다는 점에서 의미가 있었다. 비록 기술적 한계로 상호
작용은 부족했지만, 카세트테이프의 반복 재생과 개별 학습이라는 방식은 이후
MP3 플레이어, 스마트폰 앱 등 개인화된 디지털 영어 학습의 시초가 되었다.

디지털 혁명의 시작 (2000~2016)

전자사전, 영어 학습의 민첩한 조력자: 그 빛나는 등장과 스마트한 퇴장

2000년대 초반, 전자사전은 영어 학습에 혁신을 가져왔다. 아이리버 'D5', 캐시오 'EX-word' 등이 대표적이었으며, 빠른 검색 속도와 휴대성, 발음 청취와 예문 제공 같은 다양한 기능으로 학생들의 필수품이 되었다.

그러나 2010년대 스마트폰의 대중화로 전자사전의 시대도 막을 내렸다. 네이버, 다음의 포털 사전과 옥스포드, 콜린스 같은 전문 사전 앱이 등장하면서 언제 어디서나 인터넷으로 단어를 검색할 수 있게 되었기 때문이다.

AI가 여는 새로운 지평 (2017~현재)

1. 디지털 바벨탑의 시대: AI 번역기가 뒤흔든 언어 학습의 지형도

2000년대 중반, 네이버, 다음, 구글
의 온라인 사전 등장으로 영어 학습은
큰 변화를 맞았다. 무료로 접근 가능한
온라인 사전은 휴대성과 접근성을 크
게 향상시켰지만, 입시를 위해 여전히
종이사전이나 전자사전을 선호하는 학
습자들이 많았다.

2017년, AI 기술의 발전은 또 다른 혁신을 가져왔다. 스마트폰을 통한 언어 학
습이 일상이 되면서, 구글과 네이버 같은 포털의 번역 서비스는 하루 5억 명 이상
이 사용하는 필수 도구가 되었다. AI 번역은 100개 이상의 언어를 지원하며, 단순
단어 번역을 넘어 문장과 문서 전체의 맥락까지 이해할 수 있게 되었다. 안드로이
드와 iOS 모바일 앱은 물론, 웹 브라우저와 데스크톱 등 다양한 환경에서 끊김이
없는 서비스를 제공한다.

2. 스마트폰 앱과 AI의 결합:카메라로 읽는 언어

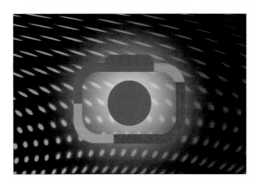

2021년부터 2023년 사이, 스마트폰과 AI의 만남은 언어 번역에 혁신적 변화를 가져왔다. Google Lens는 카메라로 비춘 글자를 실시간 번역하고, 파파고는 음성을 즉시 통역하기 시작했다. Apple의 Siri도 더욱 정교한 번역 기능을 탑재했다.

2022년에는 코로나19 팬데믹으로 인한 대면 소통의 제한이 디지털 번역 도구의 발전을 가속화했다. 해외여행객들은 메뉴판이나 전단지을 카메라로 비추어 읽고, 학생들은 영어 교재를 실시간으로 번역하며 공부하는 것이 일상이 되었다. 기술이 언어의 장벽을 허물기 시작한 것이다.

3. 스마트폰 앱과 AI의 결합: 스피커로 듣는 실시간 통역사 파파고

2021년, AI 음성 통역은 새로운 전환점을 맞았다. 네이버의 파파고는 실시간 대화 통역을 지원하기 시작했고, 스마트 스피커를 통한 자연스러운 통역이 가능해졌다. 음성을 인식하고 번역한 후 자연스러운 발음으로 출력하는 과정이 순식간에 이루어졌다.

기술이 발전하면서 활용 범위도 확대되었다. 학교에서는 외국인 학생과의 소통 도구로, 기업에서는 해외 화상회의 보조 수단으로 자리 잡았다. 특히 2022년 이후에는 한국어-영어 간 실시간 통역의 정확도가 크게 향상되어, 일상 대화는 물론 전문적인 내용까지 소화할 수 있게 되었다.

앞으로가 기대되는 AI 선생님과 함께하는 미래 교실

2023~2024년, 언어 교육은 ChatGPT로 대표되는 대규모 언어 모델LLM의 등장으로 새로운 전환점을 맞았다. AI는 이제 단순한 번역을 넘어 맥락을 이해하고, 개인화된 학습을 제공하는 '선생님'의 역할을 하기 시작했다. 이는 혁신적인 일이 분명하며 앞으로의 변화가 기대된다.

1. 맥락 이해의 혁신

ChatGPT와 같은 대화형 AI는 사용자가 제시한 문맥을 이해하고 그에 맞는 정확한 단어 설명을 제공할 수 있다. 예를 들어, 학생이 "I'm feeling blue today"라는 문장에서 'blue'의 의미를 물어볼 경우, AI는 이 문맥에서 '슬프다' 또는 '우울하다'를 의미한다고 설명할 수 있다.

2. 개인화된 학습의 시대

AI 언어 모델은 각 학습자의 수준과 관심사에 맞춘 학습 경험을 제공할 수 있다. 예를 들어, 요리에 관심 있는 학생에게는 요리 관련 어휘와 표현을 활용한 예문을 제시할 수 있다. 또한, 학생이 특정 문법 규칙예: 현재완료시제을 어려워한다면, AI는 이를 인식하고 해당 문법에 대한 추가 설명과 연습 문제를 제공할 수 있다.

언어 교육의 미래는 AI와 교사가 함께 만들어 갈 새로운 교실에서 시작된다. 학생들은 AI 튜터와 실시간으로 대화하며 언어를 학습하고, 교사는 개별 학생의 정서적 needs에 맞춘 피드백을 제공할 것이다. 교사와 AI의 시너지는 모든 학생이 자신의 속도로 성장할 수 있는 개별화된 학습 환경을 만들어 낼 것이다. 이것이 바로 우리가 꿈꾸는 미래의 언어 교육이다.

09장. 칭찬의 진화론: 도장에서 VR까지, 피드백의 과거, 현재 그리고 미래

　운동회 날, 나는 심장이 터질 것 같았다. 개인 달리기 순서가 다가올수록 손바닥에 땀이 찼다. 작년에는 4등이었는데, 올해는 꼭 상위권에 들고 싶었다. 1등, 2등, 3등 학생들의 손등에 찍히는 파란색, 빨간색, 초록색 도장이 눈앞에 아른거렸다. 그 도장들은 마치 작은 훈장 같았다.

　"야, 아까 1등 한, 만수 봤어? 손등에 찍힌 파란 도장 자랑하느라 정신없던데."

　친구 선우의 말에 나도 모르게 손등을 바라봤다. 아직 아무것도 찍히지 않은 하얀 손등. 하지만 곧 파란 도장이 찍힐 거라고, 그렇게 되어야만 한다고 나 자신을 다독였다.

　선생님께서 큰 목소리로 우리를 출발선으로 불렀다. 심장이 더 빠르게 뛰었다. 땀에 젖은 손을 반바지에 문질렀다. '파란 도장, 꼭 받고 말 거야.' 마음속으로 되뇌었다.

"준비!"

모두가 허리를 숙였다. 나는 깊게 숨을 들이마셨다.

"땅!"

번개처럼 앞으로 달려 나갔다. 바람이 귓가를 스치며 지나갔다. 옆에서 달리는 친구들이 보이지 않았다. 오직 결승선만 보였다. 그리고 그 너머에 있을 파란 도장만 생각났다.

숨이 턱까지 차올랐지만 멈출 수 없었다. 1등 도장을 향한 열망이 나를 앞으로 밀어냈다. 그 작은 도장 하나가 나에게는 세상에서 가장 큰 보상이었다. 내 노력을 인정받는 증거, 자랑스러운 성취의 상징이었다.

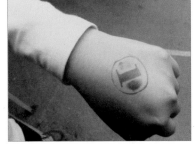

결승선을 통과하는 순간, 나는 알았다. 내가 1등이라는 걸. 선생님께서 다가오셨다. 그리고 내 손등 위에 파란 도장이 찍혔다. 그 순간의 기쁨과 자부심은 말로 표현할 수 없었다.

이 이야기는 하울쌤의 운동회 경험담이다. 이야기 속의 어린 하울쌤과 같은 초등학생에게 도장은 단순한 피드백을 넘어 강력한 동기 부여의 도구가 되었다. 도장이라는 칭찬 하나가 학생의 성취 욕구를 자극하고 긍정적인 행동을 강화하는 데 큰 역할을 한 것이다. 이번 장에서는 교육 현장의 피드백이 도장부터 디지털 기술을 활용한 현대적 시스템까지 어떻게 진화해 왔는지 살펴보도록 하자.

속삭임에서 울림으로: 말로 하는 칭찬의 마법

말로 하는 칭찬은 인류의 가장 오래된 피드백 방식이다. 공자는 "선한 행동을 보면 꼭 칭찬하라"고 했으며, 율곡 이이도 '격몽요결'에서 칭찬의 중요성을 강조했다. 이처럼 동서양에서 말로 하는 칭찬은 중요한 교육 방법으로 자리 잡았다.

말로 칭찬하기의 특징은 다음과 같다. 첫째, 즉각성과 직접성으로 학생의 행동에 즉시 반응할 수 있다. 둘째, 개개인의 특성을 고려한 맞춤형 피드백이 가능하다. 셋째, 교사와 학생 간 긍정적 관계를 형성하며, 상황에 따라 유연하게 조절할 수 있다.

말로 하는 칭찬은 강력한 피드백 도구이지만 일시성과 기록의 부재라는 한계가 있어, 이를 보완하기 위해 더 구체적이고 지속적인 '서면 피드백'이 등장했다.

편지, 메모 그리고 성장: 서면 피드백의 칭찬 혁명

서면 피드백은 말로 하는 칭찬의 한계를 보완하기 위해 발전했다. 19세기 후반부터 시작된 이 방식은 교사가 학생에게 메모나 편지 형태로 제공하며, 우리나라에서는 주로 일기장 답글이나 시험지 피드백으로 활용되어 왔다.

서면 피드백의 주요 특징으로는 기록을 통한 지속성과 구체성, 개인별 맞춤형 피드백 제공, 긍정적 관계 형성 등이 있다. 다만 즉각적 피드백이 어렵고 해석의 오류가 있을 수 있다는 한계가 있다. 이러한 한계를 극복하기 위해 교육 현장은 더 효율적이고 시각적인 피드백 방식을 모색하게 되었다.

찍고 기억하고 성장하다: 피드백 혁명의 숨은 영웅

도장을 이용한 피드백은 서면 피드백의 시간 소요 문제를 해결하고 시각적 효과를 더한 피드백 방식이다. 도장을 이용한 피드백은 20세기 초반부터 교육 현장에서 널리 사용되기 시작했으며, 특히 초등교육에서 큰 인기를 얻었다. 한국의 경우, '참 잘했어요' 도장이 1970년대 후반에서 1980년대 초반에 걸쳐 초등학교에서 널리 사용되기 시작했다. 이는 단순히 '검'이라는 한 글자로 표시하던 것에서 더 부드럽고 다정한 피드백으로의 진화를 의미했다.

'참 잘했어요' 도장도 많이 활용되었다. '참 잘했어요' 도장은 일반적으로 3가지 등급으로 구분된다. '참 잘했어요최고 등급', '잘했어요보통', '노력하세요최하 등급'. 이는 각각 A, B-C, D-F 학점에 해당하는 개념으로, 학생들의 성취도를 시각적으로 표현하고 동기를 부여하는 역할을 했다.

흥미롭게도, 일본에서도 '하나마루はなまる'라는 유사한 도장 시스템이 사용되고 있다. '매우 잘했어요たいへんよくできました'라는 문구가 적힌 벚꽃 모양의 빨간 도장이 그것이다. 한국의 도장이 일본의 것을 본떠 만들어졌는지는 정확히 알 수 없지만, 같은 동양권 문화에서 비슷한 내용의 칭찬이 동일한 매개체인 도장을 통해 이루어졌다는 점은 주목할 만하다. 이는 동아시아 교육 문화의 유사성을 보여 주는 흥미로운 사례라고 할 수 있다.

시간이 지남에 따라 도장의 디자인과 용도도 다양화되었다. 교과목별로 특화된 이미지, 영어 교과용 도장, 날짜와 교사명을 표시할 수 있는 도장 등 다양한 형태가 등장했다.

도장을 이용한 피드백은 신속한 적용과 시각적 효과를 통해 학생들의 주목도를 높일 수 있으며, 표준화된 메시지로 일관된 평가를 제공한다. 도장 수집을 통한 성취감과 보상 시스템을 구축할 수 있고, 다양한 디자인과 문구를 활용할 수 있다는 장점이 있다. 다만 개인화된 피드백이 제한적이고 반복 사용 시 효과가 감소할 수 있다는 한계가 있으며, 특히 저학년 학생들의 긍정적 행동을 장려하는 데 효과적인 교육적 도구로 활용된다.

이러한 도장을 이용한 피드백은 즉각성과 지속성을 모두 갖추었지만, 개인화와 즉시 보상의 한계로 인해 '상장과 수료증' 같은 더 포괄적이고 지속적인 피드백 시스템이 등장하게 되었다.

명예의 전당에서 교실로: 상장과 수료증의 여정

상장 또는 수료증은 학생의 특별한 성취나 노력을 공식적으로 인정하는 피드백 방식이다. 이는 오래전부터 사용되었다. 그러나 체계적으로 활용되기 시작한 것은 19세기 말부터 20세기 초에 걸쳐 시작했다.

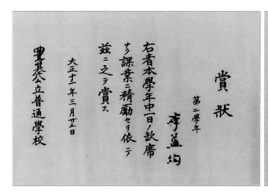
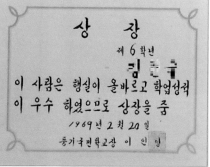

상장과 수료증은 학생의 성취를 공식적으로 인정하고 장기적 목표 설정을 촉진하는 도구이다. 평생 간직할 수 있는 기념물이자 증빙 자료로 활용되며, 다양한 영역의 성과를 구체적으로 명시할 수 있다. 수여 빈도가 제한적이라는 한계가 있지만, 자아 존중감을 향상시키고 교육과정의 중요한 이정표 역할을 수행한다.

역사적으로 상장이나 수료증의 사용은 매우 오래되었다. 중세 유럽의 대학들은 이미 학위 수여 증서를 발급했으며, 이는 현대적 상장과 수료증의 원형이 되었다. 미국에서는 1636년 하버드대학이 설립된 이후, 학위 수여와 함께 증서 발급이 시작되었다.

상장과 수료증은 장기적이고 공식적인 인정 시스템으로 중요한 역할을 하지만, 일상적인 피드백의 필요성으로 '칭찬 게시판' 같은 더 빈번하고 가시적인 피드백 시스템이 등장했다.

칭찬의 벽, 성장의 계단: 게시판이 그린 교육의 새 지도

칭찬 게시판은 학생들의 성취와 긍정적인 행동을 공개적으로 인정하고 공유하는 피드백 시스템이다. 이는 20세기 중반부터 교육 현장에서 널리 사용되기 시작했으며, 개인적 피드백과 공동체 의식을 결합한 혁신적인 방식으로 주목받았다. 1980년대 후반부터 1990년대 초반에는 도장의 역할을 스티커가 대체하기 시작했다. 칭찬 스티커는 다양한 색상과 귀여운 캐릭터로 학생들의 관심을 끌었으며, 특히 유치원과 초등학교에서 인기 있는 피드백 도구가 되었다.

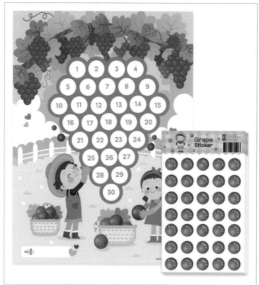

칭찬 게시판은 공개된 장소에 설치되어 학생들의 성취를 공유하고, 일정 기간 게시를 통해 성장 과정을 시각적으로 보여 준다. 다양한 영역의 칭찬을 포함하고 모든 학생에게 기회를 제공하며, 긍정적 상호작용을 통해 공동체 의식을 강화한다. 다만 과도한 경쟁심과 진정성 약화, 프라이버시 침해의 우려가 있지만, 긍정적 행동을 강화하고 자아 존중감과 소속감을 높이는 교육적 효과가 있다.

칭찬 게시판은 즉각적인 피드백과 장기적인 인정을 결합한 효과적인 도구로 자리 잡았다. 그러나 디지털 시대의 도래와 함께 더욱 개인화되고 데이터 기반의 피드백 시스템에 대한 필요성이 대두되었다. 이는 '칭찬 통장'과 같은 개인화된 누적 피드백 시스템의 등장으로 이어졌다.

칭찬의 복리, 성장의 이자: 칭찬 통장의 마법 같은 투자

칭찬 통장은 학생 개개인의 성취와 긍정적 행동을 지속하여 기록하고 누적하는 개인화된 피드백 시스템이다. 이는 1990년대 후반부터 한국을 중심으로 교육 현장에서 사용되기 시작했으며, 기존의 피드백 방식들을 통합하고 발전시킨 혁신적인 접근법으로 주목받았다.

칭찬 통장은 개별 학생의 성장 과정을 기록하고 확인할 수 있는 개인화된 도구이며, 다양한 영역의 칭찬을 포함하여 개인별 강점을 인정하는 기회를 제공한다. 지속적인 기록을 통해 장기적 동기 부여와 자기 성찰을 촉진하고, 학부모와 성장 과정을 공유하는 소통 도구로도 활용된다.

관리에 많은 시간과 노력이 필요하고 학생 간 비교로 인한 부작용이 있을 수 있지만, 학생의 성장 경로를 인정하고 긍정적 자아 개념 형성에 이바지하는 교육적 의의를 지닌다. 이후 합적인 기록 시스템이 필요해졌고, 이는 '포트폴리오 시스템'으로 발전했다.

학습의 타임캡슐: 포트폴리오가 담아낸 성장의 순간들

포트폴리오 시스템은 학생의 학습 과정과 성과를 종합적으로 기록하고 평가하는 진화된 피드백 방식이다. 이는 1980년대 후반부터 교육 현장에서 주목받기 시작했으며, 학생의 전인적 성장을 지원하는 포괄적인 평가 도구로 자리 잡았다.

다양한 학습 결과물을 포함하여 성장 과정을 다각적으로 보여 주며, 최종 결과뿐 아니라 학습 과정의 발전과 노력을 중점적으로 평가한다. 학생별 고유한 학습 경로를 기록하고 맞춤형 지도를 실현하며, 학생, 교사, 학부모 간 효과적 소통 수단으로 활용된다. 관리와 평가에 많은 시간이 소요되고 객관적 평가 기준 설정이 어렵다는 한계가 있지만, 자기 주도적 학습 능력을 향상하고 다양한 역량과 재능을 인정하는 교육적 의의가 있다.

포트폴리오 시스템은 종합적이고 과정 중심적인 평가 방식으로 교육 현장에 큰 변화를 가져왔다. 그러나 디지털 시대의 발전과 함께 더욱 즉각적이고 가시적인 성취 인정 시스템에 대한 필요성이 대두되었다. 이는 '디지털 배지 Digital Badges' 시스템의 등장으로 이어졌다.

가상 훈장, 현실 성장: 디지털 배지, 성취의 새로운 언어

디지털 배지 Digital Badges 는 학습자의 기술, 성취, 역량을 온라인상에서 인증하고 표시하는 현대적 피드백 시스템이다. 2010년대 초반에 등장한 이 개념은 게임화 gamification 요소를 교육에 접목해, 즉각적이고 가시적인 성취 인정 방식을 제공한다.

디지털 배지는 기술 습득이나 과제 완료 직후 즉시 부여되어 성취를 가시화하고, 공식 학위 외의 다양한 기술과 성취를 세분화하여 인정한다. 게임화 요소를 통해 학습 동기를 향상시키며, 여러 플랫폼에서 배지를 공유하여 역량을 제시할 수 있다. 배지의 신뢰성과 가치에 대한 논란이 있을 수 있지만, 전반적 학습을 인정하고 핵심 역량을 표현하며 성장을 지원하는 교육적 도구로 활용된다.

디지털 배지는 기존의 피드백 방식들을 디지털 환경에 맞게 진화시킨 형태이다. '칭찬모아'와 같은 모바일 애플리케이션은 이를 더욱 일상적이고 접근하기 쉬운 형태로 발전시켜 실시간으로 학생들의 성취를 기록하고 공유할 수 있게 해 주며, 데이터 분석을 통한 개인화된 피드백까지 제공하는 진보된 시스템으로 발전하고 있다.

포켓 속 작은 혁명: 앱 기반 칭찬이 바꾸는 교실의 풍경

모바일 애플리케이션을 활용한 칭찬 시스템은 디지털 시대의 즉각적이고 inter-active한 피드백 방식을 대표한다. 피드백을 위한 앱들은 2010년대 후반부터 교육 현장에서 주목받기 시작했으며, 기존의 피드백 방식들을 더욱 접근성 높고 실시간 으로 활용이 가능한 형태로 발전시켰다.

최근에는 '칭찬모아'와 같은 모바일 애플리케이션이 등장하여 피드백 시스템의 새로운 지평을 열고 있다. 2023년 출시된 이 앱은 학생들이 받은 칭찬을 온라인 포 인트 형식으로 간편하게 모을 수 있게 해 준다. 이는 기존의 종이 스티커나 쿠폰의 단점을 보완하고, 학생들의 수업 참여도와 집중력을 높이는 데 이바지하고 있다.

앱 기반 칭찬 시스템은 즉각적인 기록과 실시간 확인이 가능하며, 데이터를 기 반으로 성장 패턴과 강점을 분석하여 개인화된 전략을 수립할 수 있다. 게임화 요 소를 통해 참여 동기와 성취감을 높이고, 교사, 학생, 학부모 간 원활한 소통 채널 을 제공하며, 텍스트, 이미지, 음성 등 다양한 형태의 피드백을 지원한다. 디지털 의존성과 개인정보 보호 문제, 과도한 경쟁 유발의 우려가 있지만, 학습 동기를 향 상시키고 개인화된 교육을 지원하며 소통을 증진하는 교육적 의의를 지닌다.

앱 기반 칭찬 시스템은 기존 피드백 방식을 디지털 환경에 맞게 최적화한 것이다. 여기서 더 나아가 VR과 AR을 활용한 몰입형 피드백 시스템이 새롭게 주목받고 있다. 학생들은 VR에서 성취를 3D로 시각화하여 확인하고, AR을 통해 실시간 피드백 정보를 현실 학습 환경에 투영할 수 있다. 이러한 몰입형 기술과 앱 기반 시스템의 결합은 피드백의 효과를 극대화하고 학습 동기와 몰입도를 높일 것으로 기대된다.

디지털 멘토링의 시대: 피드백이 꿈꾸는 미래 교육의 청사진

피드백 방식은 교육 철학, 기술 발전, 사회적 요구의 변화와 함께 진화해 왔으며 앞으로의 피드백 시스템은 다음과 같은 방향으로 발전이 예상된다.

개인화와 맞춤형 학습 - AI/빅데이터 기반 맞춤형 피드백

실시간 및 지속적 피드백 - 즉각적 진행 상황 파악, 지속적 개선 지원

통합적 접근 - 디지털 배지, 포트폴리오, VR/AR 통합, 종합적 성장 평가

사회·정서적 학습 강화 - 인지/비인지 영역 균형, 정서/태도/협업 능력 평가

평생학습 지원 - 학교 외 직업/일상 학습 포괄, 지속적 학습 관리

윤리적 고려 - 데이터 프라이버시 보호, 알고리즘 공정성 확보

결론적으로, 미래의 피드백 시스템은 기술의 혁신을 바탕으로 더욱 개인화되고, 즉각적이며, 종합적인 형태로 발전할 것이다. 그러나 이러한 발전 과정에서 인간적 touch와 교육의 본질적 가치를 잃지 않는 것이 중요할 것이다. 궁극적으로 피드백은 학습자의 성장과 발전을 지원하는 도구로서 학습자 중심의 교육을 실현하는 핵심 요소로 자리 잡을 것이다.

10장. 빨간 펜에서 AI 채점까지: 평가의 진화 이야기

'학교'라는 단어를 싫어하는 많은 학생이 가장 먼저 떠올리는 것은 '시험'이다. 특히 공교육 시스템에서 학교와 평가는 떼려야 뗄 수 없는 관계이다. 이번 장에서는 한국전쟁 이후부터 현재까지 기술 발전에 따른 학교 평가 방식의 변화를 살펴보고, 미래의 평가 방향도 함께 알아보고자 한다.

칠판과 목소리로 만든 시험지: 1950년대 교실의 풍경

한국전쟁 직후의 교육 현장은 극심한 자원 부족으로 인해 많은 어려움을 겪었다. 특히 시험 시행에 있어 현재와는 매우 다른 방식을 채택할 수밖에 없었다. 당시에는 학교 상황과 여건에 따라 크게 세 가지 시험 방식이 활용되었으며, 이들은 때로는 병행되어 시행되기도 하였다. 각각의 방식을 자세히 살펴보도록 하자.

1. 구두시험을 통한 평가 1950년대 초반~1960년대 초반
구두시험은 1950년대 한국전쟁 직후와 1960년대 초반, 특히 농촌 지역의 일부 학교에서 주로 시행되었다. 이는 극심한 자원 부족 상황에서 채택된 가장 원초적인 형태의 시험 방식이다.

구두시험의 진행 과정은 다음과 같다.

준비: 교사가 구두로 물을 질문들을 미리 준비한다.

시험 장소: 보통 교실에서 진행되며, 때로는 복도나 운동장에서 시행되기도 했다.

질문: 교사가 학생에게 직접 질문을 한다.

답변: 학생은 즉석에서 구두로 답변한다.

평가: 교사는 학생의 답변을 듣고 즉시 채점한다.

당시 많은 학생이 시험 차례를 기다리는 동안 극도의 긴장감을 느꼈다고 한다. 일부 교사들은 긴장한 학생들을 위해 쉬운 질문으로 시작해 점차 난도를 높였다고 한다. 시험 중 다른 학생들의 답변을 듣고 배우는 경우도 있었다고 한다.

이러한 구두시험 방식은 1960년대 후반부터 점차 사라졌으며, 현재는 특수한 경우예: 외국어 회화 능력 평가를 제외하고는 거의 사용되지 않고 있다.

2. 칠판을 이용한 시험 1950년대 중반~1960년대 초반

칠판을 이용한 시험은 1950년대 중반부터 1960년대 초반까지 자원이 극히 부족한 학교에서 주로 사용되었다.

구체적인 진행 과정은 다음과 같다.

준비: 교사가 미리 시험 문제를 준비한다.

문제 제시: 시험 시작 시, 교사가 칠판에 문제를 하나씩 적는다.

학생 답변: 학생들은 자신의 종이에 문제 번호를 적고 답을 쓴다.

반복: 한 문제가 끝나면 교사는 칠판을 지우고 다음 문제를 적는다.

시간 관리: 각각의 문제마다 정해진 시간이 지나면 교사가 "그만"이라고 말하고 다음 문제로 넘어간다.

이 방식의 주요 문제점으로는 시험 시간이 오래 걸리고 학생들의 필기 속도에 따른 불이익이 발생할 수 있었다는 점이 있다. 또한, 이전 문제를 확인하기 어려웠으며, 교사의 글씨체에 따라 문제의 이해도가 달라질 수 있었다. 특히 칠판 뒤쪽에 앉은 학생들은 글씨가 잘 보이지 않아 어려움을 겪었는데, 안경 구매가 쉽지 않았던 당시에는 이러한 문제가 학생들의 학습권을 심각하게 침해하는 요인이 되었다.

3. 등사기를 이용한 시험 1950년대 후반부터 보편화

등사기謄寫機를 사용하는 방식은 1950년대 후반부터 점차 보편화되어 가장 널리 사용된 시험지 제작 방법이 되었다. 이 방식은 밀랍지또는 등사원지에 글씨를 쓴 후 등사기로 복사하여 시험지를 만드는 방식으로, 이전의 구두시험이나 칠판 시험에 비해 더욱 체계적이고 효율적인 평가가 가능해졌다.

한 장의 원지, 백 명의 학생: 등사기가 꽃피운 보편 교육의 시작

마지막으로 살펴볼 방법은 수동식 등사기를 이용한 시험지 제작 방식이다. 이는 앞서 살펴본 구두시험이나 칠판 시험과는 달리 대량 복제가 가능했던 혁신적인 방식이었다. 등사기는 1950년대부터 1980년대까지 한국의 학교에서 가장 널리 사용된 시험지 제작 방법이다. 이 기계의 정식 명칭은 '등사판'이지만, 일반적으로 '등사기'로 통용된다.

사용 과정을 설명하면 다음과 같다.
1. 원지 준비: 밀랍을 입힌 특수 종이인 등사 원지를 준비한다.
2. 글씨 쓰기: 교사가 등사원지에 철필이나 타자기로 문제를 제작한다. 이때 글씨를 쓰면 밀랍이 벗겨져 구멍이 생긴다.

3. 등사기 장착: 작성된 등사원지를 등사기의 둥근 실린더에 감는다.

4. 인쇄: 손잡이를 돌리면 실린더가 회전하며, 잉크가 등사원지의 구멍을 통해 아래에 놓인 백지에 전사되어 인쇄가 이루어진다.

5. 반복: 이 과정을 반복하여 필요한 만큼의 시험지 최대 200~300장 를 제작한다.

이 당시에 시험을 치르게 되면 상당수 교사가 늦은 밤까지 시험지를 만드는 경우가 많았다. 잉크가 넘쳐 옷이나 손에 묻는 경우가 다반사였다고 한다. 1960년대 한 시골 학교에서 근무했던 김영호 선생님의 회고록에는 다음과 같은 일화가 있다. "한번은 밤새 등사기를 돌려 시험지를 만들다가 잠깐 졸았는데, 깨어 보니 잉크가 넘쳐 교무실 바닥이 온통 파랗게 물들어 있었다." 이는 당시 교사들의 헌신적인 모습과 당시의 시험지 제작 현실을 보여 주는 일화이다. 이러한 어려움에도 불구하고, 등사기는 구두시험이나 칠판을 활용한 시험에 비해 혁신적인 변화였다.

학교에서는 매우 애지중지하면서 관리했다고 한다.

이러한 수동식 등사기는 1980년대 후반부터 1990년대 초반에 걸쳐 복사기가 보급되면서 점차 사라졌다. 하지만 많은 사람의 학창 시절 추억 속에 남아 있는 중요한 교육 도구였다.

회전하는 실린더, 진화하는 평가: 윤전식 등사기의 시대

윤전식 등사기는 1920년대 후반에서 1930년대 초반, 일부 한국 학교에서 최초로 사용되기 시작했다.

일반 수동식 등사기는 한 장의 원지로 200~300장 정도를 인쇄할 수 있었으나, 이후 도입된 윤전식 등사기는 전동기를 활용해 한 번에 1,000~2,000장까지 인쇄가 가능했다. 이는 한 학급당 60~70명에 달하던 당시 과밀 학급 상황에서도 여유롭게 시험지를 제작할 수 있게 해 주었다. 이러한 기술의 발전은 더 많은 학생에게 동시에 시험을 치를 수 있게 해 주었다.

윤전식 등사기의 보급은 학생 평가 방식에 혁신적인 변화를 가져왔다.

디지털 기술의 발전으로 시험 문제 제작과 평가 방식이 크게 개선되었다. 시험지 제작이 효율적으로 변화하여 대량의 시험지를 빠르게 만들 수 있게 되었고, 평가의 표준화와 객관식 문항 확대로 다양한 유형의 문제 출제가 가능해졌다. 채점 시간이 단축되고 학습 자료가 다양화되면서, 교사들은 시험지 제작에 소요되는 시간을 줄이고 학생 지도에 더 많은 시간을 할애할 수 있게 되었다. 특히 평가 데이터의 체계적 관리와 분석이 용이해져 교육의 질적 개선에 기여하고 있다.

윤전식 등사기의 보급으로 시험지의 대량 복사가 가능해지면서 한국 교육 현장의 평가 방식이 크게 변화했다. 교사들은 표준화된 시험지를 효율적으로 제작할 수 있게 되었고, 보충 학습지나 연습 문제도 쉽게 제공할 수 있게 되어 평가의 일관성과 학습 지원이 한층 개선되었다.

잉크에서 토너로: 복사기가 그려낸 평가의 진화

 등사기와 복사기의 가장 근본적인 차이는 원본의 운명에 있다. 등사기가 원본을 '희생'해 대량 인쇄하는 방식이었다면, 복사기는 원본을 그대로 보존하면서 복제할 수 있는 혁신적인 기술이었다. 1970년대 후반 한국 학교에 처음 도입된 복사기는 1980년대 중반부터 일반 초중고에 본격적으로 보급되기 시작했으며, 1990년대에 이르러서는 대부분의 학교에서 일상적으로 사용하게 되었다.

복사기 도입은 교육 현장의 여러 영역에 주목할 만한 변화를 가져왔다.

1. 교육 자료의 다양화
- 교과서 외 참고 자료, 신문 기사, 잡지 등 다양한 학습 자료 활용 가능
- 학생 발표 자료와 과제물의 공유가 용이해 협동 학습 활성화
- 그룹 활동과 프로젝트 수업 진행이 수월해짐.

2. 평가 방식의 발전
- 다양한 유형객관식, 주관식, 서술형의 문제를 혼합한 시험지 제작
- 난도별 문제 구성으로 학생 수준에 맞는 평가 가능
- 보충/심화 평가지 제작으로 맞춤형 학습 지원

기계의 눈으로 본 학생의 지식: OMR 채점의 시대

평가에서 채점은 학생들의 학습 상태를 파악하고 피드백을 제공하는 필수 요소다. 전통적인 수동 채점은 세밀한 검토와 개별 피드백이 가능하지만, 시간 소요가 크고 공정성 문제가 있었다.

이를 해결하기 위해 1930년대 미국에서 OMR 시스템이 개발되었고, 한국에서는 1969년 대학 입학 예비고사를 시작으로 1990년대에는 일반 학교에서도 널리 사용되었다. OMR 시스템으로 수백 명의 답안지도 몇 분 안에 채점할 수 있게 되었고, 정확성과 공정성도 향상되었다. 다만 객관식 문항에 국한되고 고차원적 사고력 평가가 어렵다는 한계가 있지만, 현대 교육 평가의 중요한 도구로 자리 잡았으며, AI 기술과 결합하여 더욱 발전할 것으로 기대된다.

AI가 든 빨간 펜: 인공지능 평가의 다섯 가지 얼굴

　지금까지 기술의 발전이 평가의 모습을 어떻게 변화시켜 왔는지 살펴보았다. 그렇다면 현재 어떤 채점을 위해 기술들이 있을까? AI 기술이 발달하면서 인공지능은 앞으로 학교에서 실행하는 평가와 채점에 엄청난 영향을 미칠 것이다. 먼저 AI가 어떤 방식으로 채점하는지 알아보자.

　AI 채점의 주요 기술과 방식은 다음과 같다.

1. 자연어 처리[NLP] 기반 채점
- 키워드 검출, 문장 구조 분석, 논리성 평가
- 영어 작문, 주관식 문항에 주로 활용

2. 기계 학습 기반 채점
- 대량의 채점 데이터로 학습

- 답안 패턴 분석 후 점수 예측

- 주관식, 서술형 평가 가능

3. 딥러닝 기반 채점

- 다층 신경망으로 복잡한 패턴 학습

- 텍스트, 이미지, 음성, 비디오 평가 가능

- 에세이, 프로젝트 평가에 활용

4. 규칙 기반 – AI 하이브리드 채점

- 전문가의 채점 규칙과 AI 결합

- 도메인 전문성 반영

- 전문 분야 평가에 효과적

5. 멀티모달 AI 채점

- 텍스트, 이미지, 음성, 동작 등 종합 분석

- 프레젠테이션, 실기 평가에 활용

- 다차원적 능력 평가 가능

알고리즘이 그리는 학습 곡선, 교사가 채우는 성장의 빈칸

이러한 AI 채점 및 학습 분석 도구들은 계속해서 발전하고 있으며, 개인화된 학습 경험을 제공하는 데 중요한 역할을 하고 있다. 이들은 빅데이터와 머신러닝 기술을 활용하여 학습자의 특성을 정확히 파악하고, 그에 맞는 최적의 학습 경로를 제시한다. 예를 들어, 학생의 문제 풀이 패턴, 오답 유형, 학습 속도 등을 분석하여 개인별 맞춤형 문제를 추천하거나 취약점을 보완하는 학습 자료를 제공한다.

　향후 AI 교육 도구는 더욱 정교해질 것으로 예상된다. 자연어 처리 기술의 발전으로 서술형 답안 평가의 정확도가 높아지고, 감정 분석 기술을 통해 학습자의 정서적 상태까지 고려한 맞춤형 학습 지원이 가능해질 것이다. 그러나 이러한 기술적 진보에도 불구하고, AI는 교육의 효율성을 높이는 도구일 뿐 교사의 역할을 완전히 대체할 수는 없다.

　결론적으로, AI 기술은 교육의 보조 도구로써 그 가치가 크지만, 궁극적으로 학생의 전인적 성장을 이끄는 것은 교사의 통찰력과 따뜻한 지도라는 점을 항상 명심해야 할 것이다.

11장. 디지털 교실의 속삭임: 에듀테크가 바꾸는 학생 의견 수렴의 새로운 지평

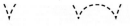

많은 이가 '봉숭아학당'을 기억할 것이다. 특히 1990년대를 경험한 세대라면 더욱 그럴 것이다. 이는 1991년부터 1993년까지 KBS 2TV의 '한바탕 웃음으로'라는 프로그램에서 방영된 인기 개그 코너였다. 이 코너에서 학생 역할의 개그맨들은 선생님에게 수업 내용에 대해 답하고 싶을 때 "저요, 저요!"를 외쳐 발언 기회를 얻곤 했다. 이 유쾌한 장면은 당시의 교실 분위기를 재치 있게 반영했는데, 이러한 전통적인 의견 수렴 방식은 현재 첨단 기술을 활용한 새로운 참여 방식으로 진화하고 있다.

손과 펜의 대화: 교실에서 울리는 첫 번째 목소리

학생들의 의견을 수업 중에 알 수 있는 전통적인 방법에는 대표적으로 두 가지가 있다.

　첫 번째는 교사와 학생 간의 직접적인 질문과 답변이다. 교사가 질문을 던지고 학생들이 손을 들어 답변하는 이 방식은 가장 자연스럽고 즉각적인 소통 방법이다. 교사는 학생들의 실시간 반응과 비언어적 신호를 통해 이해도를 바로 확인할 수 있다. 그러나 많은 학생이 공개적 답변을 부담스러워하며, 자신감 있는 일부 학생들만 참여하는 경향이 있다. 또한, 한정된 수업 시간 내에 모든 학생의 의견을 듣기 어렵다는 한계가 있다.

　두 번째는 학생들에게 답변을 글로 작성하게 하는 것이다. 이 방식은 충분한 사고 시간을 제공하고 익명성이 보장되어 수줍음 많은 학생들도 자유롭게 표현할 수 있다. 교사는 학생들의 글쓰기 능력에 따라 유연하게 대응하며, 필요한 경우 추가 질문을 통해 학생의 의도를 더 정확히 파악할 수 있다. 하지만 답변 수집과 분석에 시간이 많이 소요되며, 즉각적인 상호작용이 어렵다는 단점이 있다.

　두 가지 방식은 각각의 장단점이 있어, 수업의 목적과 상황에 따라 적절히 선택하거나 병행하여 활용하는 것이 효과적이다.

원탁과 소그룹: 토론으로 펼치는 생각의 향연

교육 현장에서 토론은 학생들의 의견을 효과적으로 수렴하고 학습적 상호작용을 촉진하는 중요한 방법으로 부각되었다. 토론은 학생들의 적극적 참여와 실시간 의견 교환을 가능하게 하며, 비판적 사고력과 의사소통 능력을 향상시키는 효과적인 교육 도구이다.

토론은 규모와 진행 방식에 따라 크게 두 가지로 나눌 수 있다. 전체 토론은 교실 전체가 하나의 주제로 토론하는 방식으로, 다양한 관점을 공유하고 교사와 학생 간 즉각적인 상호작용이 가능하다는 장점이 있다. 그러나 학생들의 집중력 분산이나 일부 학생들의 편중된 참여, 제한된 시간 내 발언 기회 부족 등의 한계도 존재한다.

전체 토론의 한계를 보완하기 위해 소그룹 토론이 활용된다. 이는 학생들을 작은 그룹으로 나누어 토론한 후, 각 그룹의 대표가 결과를 발표하는 방식이다. 소규모로 진행되어 더 깊이 있는 논의가 가능하고, 학생들이 자유롭게 의견을 표현할 수 있으며, 협력을 통한 사회적 기술도 습득할 수 있다.

하지만 소그룹 토론도 효과적인 그룹 구성의 어려움, 특정 학생 의견의 편중, 그룹 간 논의 방향의 일관성 유지 등의 과제를 안고 있다.

종이 위의 속삭임: 체크박스에 담긴 학생들의 목소리

수업 중 학생들의 의견을 수렴하는 또 다른 효과적인 방법으로 설문조사가 있다. 교사가 수업 중에 간단한 설문지를 배포하여 학생들의 생각을 모으는 이 방식은, 마치 종이 위에 속삭이듯 학생들의 솔직한 목소리를 담아낼 수 있다.

설문조사는 여러 가지 측면에서 교육적 가치를 지닌다. 특정 주제에 대한 학생들의 생각이나 이해도를 종합적으로 평가하는 데 매우 유용하며, 많은 학생의 의견을 짧은 시간 내에 효율적으로 수집할 수 있다. 익명으로 진행되는 설문의 경우, 학생들은 수업 내용에 대한 자신의 이해 정도나 의문점을 더욱 솔직하게 표현할 수 있다.

설문조사 방식의 가장 큰 한계는 질문의 불명확성으로 인한 오해 가능성이다. 학생들이 질문 의도를 정확히 파악하지 못하면 부정확한 응답이나 무응답으로 이어질 수 있으며, 구조화된 형식으로 인해 학생들의 복잡한 생각을 충분히 담아내기 어렵다. 또한, 학생들의 비언어적 신호를 포착할 수 없어 응답의 맥락을 이해하는 데 제약이 있다. 이러한 한계를 보완하기 위해서는 설문조사를 다른 의견 수렴 방식과 적절히 조합하여 활용하는 것이 바람직하다.

소리 없는 벽: 의견 수렴을 가로막는 네 개의 장애물

학생들의 의견과 생각을 수업에서 공유하는 여러 방식들을 살펴보았지만, 이를 실제 교육 현장에 적용하는 것은 예상보다 큰 도전 과제이다. 교사의 적극적 의지가 있더라도 수업마다 효과적으로 실행하기가 어려워, 여전히 전통적인 질문 - 답변 방식이 가장 보편적인 의견 수렴 방법으로 남아 있다.

수업 중 학생들의 의견을 수렴하는 과정에는 네 가지 주요 과제가 있다.

첫째로 시간 관리의 문제가 있다. 설문지 작성이나 토론 주제 선정 등 사전 준비에 많은 시간이 필요하고, 특히 대규모 학급에서는 모든 학생의 의견을 듣고 피드백을 주기가 어렵다.

둘째는 학생 참여 유도의 어려움이다. 수업 내용에 대해 소극적인 학생들의 참여를 끌어내기 어렵고, 적극적인 학생과 소극적인 학생 사이의 참여 균형을 맞추는 것도 쉽지 않다.

셋째로 데이터 분석의 부담이 있다. 수집된 데이터를 분석하고 수업 개선에 반영하는 데 많은 노력이 필요하며, 학생들이 제공한 정보의 정확성과 신뢰성을 확보하는 것도 중요하다.

마지막으로 비언어적 소통의 한계가 있다. 설문조사나 피드백 카드로는 학생들의 표정이나 몸짓 같은 비언어적 신호를 포착할 수 없어, 응답의 맥락과 깊이를 완전히 이해하기 어렵다.

이러한 현실적 어려움을 해결하기 위해서는 보다 혁신적이고 효율적인 방안이 필요하다.

디지털 귀: 에듀테크가 열어 주는 새로운 경청의 시대

앞에서 언급한 소통의 문제들이 에듀테크의 발전으로 해결의 실마리를 찾고 있다. 에듀테크가 가져온 혁신적 변화로 교육 현장의 소통 방식이 어떻게 달라지고 있는지 살펴보자.

1. 시간 효율성의 혁신적 개선

AI 기반 설문 도구는 교사들이 자동 질문 생성과 실시간 응답 시스템을 통해 대규모 학급에서도 빠르게 학생들의 의견을 수집할 수 있게 하여 교실의 시간 관리 문제는 크게 개선되었다.

2. 학생 참여의 새로운 지평

디지털 플랫폼은 학생들의 수업 참여 방식을 크게 변화시켰다. 플랫폼의 익명성으로 인해 소극적이던 학생들도 자유롭게 의견을 표현할 수 있게 되었으며, 게임화 요소를 접목한 교육용 앱과 실시간 투표 시스템은 학생들의 참여 동기를 높였다.

3. 데이터 분석의 새로운 차원

AI와 빅데이터 기술은 학생들의 의견과 참여 데이터를 더 깊이 있게 분석할 수 있게 했다. 실시간으로 수집되는 학생들의 응답 패턴을 분석하여 개념 이해도를 파악하고, 장기적인 참여 데이터를 통해 학습 성향과 선호도를 파악할 수 있게 되었다.

4. 비언어적 소통의 디지털 진화

첨단 기술은 비언어적 소통의 한계를 극복하고 있다. 화상회의 도구와 감정 인식 AI는 학생들의 이해도와 참여도를 실시간으로 파악하며, VR은 이를 더욱 정확히 관찰한다.

미래 교실의 4가지의 새로운 귀: 에듀테크가 그리는 소통의 지도

1. 패들렛[Padlet]: https://padlet.com
- 가상 보드를 통한 수업 계획, 과제 제출, 토론 관리가 가능한 시각적 협업 도구

2. 멘티미터[Mentimeter]: https://www.mentimeter.com
- 실시간 설문조사와 데이터 분석을 통해 수업 내용 이해도를 즉각 확인할 수 있는 플랫폼

3. 슬라이도[Slido]: https://www.slido.com
- 실시간 질의응답과 익명 설문을 통해 적극적인 수업 참여를 유도하는 도구

4. 구글 설문[Google Forms]: https://docs.google.com/forms
- 다양한 형식의 설문 제작과 자동 데이터 분석이 가능한 무료 도구

에듀테크 도구들은 실시간 퀴즈, 설문조사, 토론 기능을 통해 학생들의 이해도와 의견을 즉각적으로 수집할 수 있다. 데이터 분석으로 성취도를 정확히 측정하고 개별 학습 상황을 추적할 수 있어, 교사는 수업 내용을 학생들의 수준에 맞게 조정하고 개별화된 피드백을 제공할 수 있다.

디지털 하모니: 에듀테크가 빚어내는 미래 교실의 합창

손을 들어 발표하던 교실이 태블릿으로 의견을 공유하고 VR로 학습하는 모습으로 변화하고 있다. 에듀테크의 발전으로 학생들의 반응과 이해도를 더 쉽게, 다양하게 파악할 수 있게 되었지만, 이 모든 기술의 중심에는 '소통'이라는 교육의 본질이 있다.

새로운 도구들로 더 많은 학생의 생각을 들을 수 있게 되었지만, 이는 더 큰 책임감도 요구한다. 기술을 활용하되 그것에 지배당하지 않고, 학생 개개인의 이해도와 질문에 귀 기울이는 것이 미래 교육의 핵심일 것이다.

에듀테크가 열어 준 새로운 가능성을 현실로 만드는 것은 우리의 몫이다. 학생과 교사가 함께 만드는 미래 교실에서의 활발한 수업 참여와 즉각적인 피드백이 우리 교육의 미래를 더욱 풍성하게 할 것이다.

12장. 생성형 AI의 지식 + 교사의 지혜 미래: 교육의 황금 비율을 찾아서

이번 장에서는 생성형 AI가 가져오는 교육 현장의 혁신적 변화들을 면밀히 살펴보고, AI의 기술적 역량과 교사의 교육적 지혜가 조화롭게 어우러지는 '미래 교육의 황금 비율'을 모색해 보고자 한다.

생성형 AI가 여는 새로운 교육의 지평

생성형 AI는 텍스트, 이미지, 코드 등을 자동으로 생성할 수 있는 인공지능 기술이다. 교육 분야에서 생성형 AI는 다음과 같은 혁신적 가능성을 제시한다.

1. 개인화된 학습 경험 제공
- 학습자의 인지 발달 단계와 학습 스타일에 맞춘 설명 방식 최적화
- 실시간 오개념 진단 및 교정을 통한 깊이 있는 개념 이해 촉진
- 학습자의 관심사와 실생활을 연계한 맞춤형 예시와 문제 생성

2. 교사의 업무 효율화
- 교과 간 통합 수업을 위한 교육과정 재구성 방안 제시
- 학생별 학습 진단 데이터를 활용한 맞춤형 교수법 추천
- 수업 피드백 분석을 통한 교수 방법 개선점 도출

3. 창의적 학습 도구로서의 활용

- 실시간 협업 도구와 연계한 프로젝트 기반 학습 지원

- 가상/증강현실과 결합한 실감형 학습 콘텐츠 생성

- 학생 주도 탐구 활동을 위한 지능형 스캐폴딩 제공

4. 교육 격차 해소 기여

- 지역과 환경에 관계없이 양질의 교육 자원 접근성 확보

- 학습 부진 조기 발견 및 맞춤형 중재 프로그램 제공

- 다문화/특수교육 대상 학생을 위한 개별화 학습 지원

교육 활동을 위한 주요 생성형 AI 도구들

교육 분야에서 활용할 수 있는 다양한 생성형 AI 도구들이 있다. 이 중 주목할 만한 4가지를 소개한다.

1. 뤼튼[Wrtn]

뤼튼Wrtn은 라이트브레인이 개발한 한국어 특화 AI 글쓰기 도구로, 14세 이하 학생도 학부모 동의하에 사용 가능하다는 장점이 있다. 한국어의 존댓말과 조사 활용 등을 정교하게 처리하며, 교과 보고서, 독후감 작성을 지원한다. 학년별 맞춤형 어휘와 문장 구조를 제안하고, 교사들의 수업 자료 제작에도 활용되어 교육 현장에서 실용적인 AI 도구로 인정받고 있다.

2. ChatGPT

ChatGPT는 OpenAI가 개발한 교육용 AI 대화 도구로, 실시간 상호작용과 맥락 이해가 가능한 자연어 처리 기술을 활용한다. 대화형 학습 지원, 단계적 설명, 다국어 교육을 제공하며, 교사들의 수업 설계와 교육 자료 제작을 돕는다. 학습자 수준별 맞춤형 지원이 가능해 교육 현장에서 실용적인 AI 도구로 인정받고 있다.

3. Midjourney

Midjourney는 텍스트를 바탕으로 정교한 이미지를 생성하는 AI 도구로, 독창적인 스타일과 세밀한 디테일 표현이 특징이다. 교과서의 추상적 개념, 과학 실험 과정, 역사적 사건 등을 시각화하여 학습 자료로 활용할 수 있어, 교사들의 효과적인 수업 자료 제작을 돕고 있다.

4. Copilot

Copilot은 GitHub와 OpenAI가 개발한 AI 코딩 도구로, 오픈소스 코드를 학습하여 실시간 코드 제안 및 자동 완성 기능을 제공한다. 주요 개발 환경과 통합되어 작동하는 것이 특징이다.

프로그래밍 수업에서 학생들은 Copilot을 통해 실시간 코드 제안을 받으며 학습할 수 있다. 문법 오류 수정, 최적 코드 구조 추천, 함수 사용법 예시 등을 제공하여 학습자의 코딩 능력 향상을 돕는다.

교실의 현재와 미래를 잇는 다리: AI라는 이름의 조력자

교육 기술의 발전은 학습 경험을 더욱 개인화하고, 효과적이며, 접근성 있게 만들어 왔다. 특히 최근의 생성형 AI는 교육의 패러다임을 크게 바꾸고 있으며, 인간 교사를 대체하는 것이 아닌 보완하는 역할을 한다.

2부

생성형 AI(에듀테크)
과목별 수업 활용하기

01. 국어 교과
오늘의 일기, 패들렛&아이스크림 보드, 한국어 맞춤법/문법 검사기, 깃마인드

구체적 사례(1980~90년대 한국의 일반적인 고등학교 국어 수업)

1980~90년대 한국의 일반적인 고등학교 교실은 전면의 칠판과 게시판, 그리고 교과서와 지도서가 놓인 교탁이 전부였다. 녹음기나 VTR 같은 시청각 기자재는 있더라도 거의 활용되지 않았고, 수업은 교과서 중심의 강독과 암기 위주로 진행되었다. 학습 자료 역시 교과서와 참고서가 중심이었으며, 입시를 위한 문제집과 기출문제가 보조 교재로 사용되었다. 특히 문학 작품은 발췌본이나 요약본으로만 다뤄졌고, 작품의 배경이나 시대상을 이해하기 위한 시청각 자료나 창작 활동을 위한 보조 자료는 찾아보기 어려웠다.

평가 방식

1. 문학 작품 암기

- 예시 문제: "다음 시의 빈칸에 알맞은 구절을 쓰시오: '산에는 ○이 피네, ○이 피네, ○이 피네'"   정답:꽃

- 평가 방법: 주요 시구나 작품의 일부분을 암기하여 그대로 재현하는 능력을 평가한다.

'산유화'의 "산에는 꽃이 피네"라는 구절을 단순 암기하여 빈칸을 채우게 하는 평가 방식은, 시에 담긴 자연의 순환과 생명력, 고독의 정서를 깊이 있게 이해하는 능력을 측정하지 못하는 한계가 있다. 이는 문학을 단순 암기 과목으로 전락시키며, 학생들이 시를 자신만의 관점으로 해석하고 감상하는 기회를 제한하는 문제점을 지니고 있다.

2. 문법 규칙 암기

- 예시 문제: "다음 중 비음화 현상이 일어나는 것을 고르시오."
  보기: ① 밥물[밤물]   ② 꽃말[꼰말]   ③ 젓가락[적까락]   ④ 꽃망울[꼰망울]
  정답: ①, ④

- 평가 방법: 문법 용어와 규칙을 암기하고 주어진 보기에서 찾아내는 능력을 평가한다.

이러한 평가 방식은 실생활의 자연스러운 언어 사용과는 동떨어진, 단순한 규칙 암기에만 치중되어 있다는 심각한 문제를 지닌다. 특히 "강릉[강능]"과 같은 발음을 일상적으로 사용하면서도 이를 문법 용어로 별도 암기해야 하며, 경상도의 "책상[채상]"과 같은 지역 방언의 특성을 전혀 고려하지 않는 획일적인 평가라는 근본적인 한계를 보인다.

3. 독해 평가

- 예시 문제: "다음 글의 중심 내용을 고르시오."

- 평가 방법: 지문을 읽고 제한된 시간 내에 정답을 찾아내는 능력을 평가한다.

이러한 평가 방식은 15분 안에 800자 지문 3개를 읽고 풀어야 하는 시간적 제약으로 깊이 있는 읽기가 불가능하고, 사실적 독해에만 치중되어 심층적 이해가 부족하다. 또한, 학생들은 보기에서 정답만 찾는 데 집중하여 자신만의 해석이나 평가 기회가 없고, 현대적 텍스트에 대한 실용적 독해 능력을 기르지 못한 채 시험을 위한 기술적 독해에만 매몰된다.

4. 서론 – 본론 – 결론의 형식적 구성

- 예시 문제: "'나의 장래 희망'이라는 주제로 800자 작문을 하시오."

- 평가 방법: 정해진 분량과 형식에 맞춰 글을 쓰는 능력을 평가한다.

이러한 문제점들로 인해 학생들은 진정한 의미의 글쓰기 능력을 개발하지 못하고, 평가를 위한 형식적이고 획일적인 글쓰기에 매몰되는 결과를 초래했다. 더불어 자기 생각을 창의적으로 표현하는 능력이나 실제 상황에서 필요한 실용적 글쓰기 능력을 기르지 못하는 한계를 보인다.

아날로그 평가의 딜레마

1. 문학 감상 능력의 한계
학생 A는 시의 전문을 암기했지만, 시의 정서와 의미를 자기 삶과 연결하지 못한다. 작품의 시대적, 사회적 맥락을 이해하지 못한 채 단순 암기에 그친다.

2. 의사소통 능력의 부재
학생 B는 문법 규칙을 완벽히 암기했지만, 실제 대화나 글쓰기에서 자연스러운 표현을 구사하지 못한다. 맥락에 맞는 적절한 언어 사용에 어려움을 겪는다.

3. 독해의 표면성
학생 C는 지문의 표면적 의미는 파악하지만, 깊이 있는 해석과 비판적 사고는 부족하다. 다양한 관점에서 텍스트를 분석하고 평가하는 능력이 부족하다.

4. 창의적 글쓰기 능력 부족

학생 D는 형식적으로 완벽한 글을 쓰지만, 자신만의 독창적인 생각과 표현이 결여되어 있다. 획일화된 글쓰기 형식에 갇혀 있다.

5. 매체 활용 능력 부재

학생 E는 다양한 매체를 통한 정보 습득과 표현 방법을 알지 못한다. 디지털 시대에 필요한 디지털 문해력이 부족하다.

도움이 될 수 있는 디지털 리소스들

1. 오늘의 일기: https://todaysdiary.net
- 특징: 간단한 일기 작성을 통한 글쓰기 습관 형성, AI 기반 맞춤형 피드백 제공
- 용도: 자유로운 글쓰기와 생각 정리, 감정 표현과 비평적 사고력 향상
- 평가 활용: 일기 작성 분량과 표현의 다양성 분석, 글쓰기 발달 과정 평가, 자기 성찰 능력과 문체 형성 과정 평가

2. 패들렛 & 아이스크림 보드: https://padlet.com, https://www.tkbell.co.kr/
- 특징: 실시간 협업이 가능한 디지털 게시판, 다양한 미디어 첨부와 즉각적 피드백 제공
- 용도: 학급 토론과 아이디어 공유, 문학 작품 감상문 게시 및 또래 평가
- 평가 활용: 온라인 토론 참여도와 논리성 평가, 동료 피드백 활동의 적절성과 수용도 분석, 협력적 문제 해결 과정의 의사소통 능력 평가

3. 한국어 맞춤법/문법 검사기: https://nara-speller.co.kr/speller

- 특징: 실시간 맞춤법, 문법 검사 제공, AI 기반 문장 구조 분석 및 개선 방안 추천

- 용도: 글쓰기 오류 교정 및 개선, 문법적 정확성과 문장의 논리성 향상

- 평가 활용: 맞춤법 오류 분석과 개선도, 문법적 정확성을 위한 자기 교정

4. 깃마인드: https://gitmind.com

- 특징: 마인드맵 작성과 아이디어 구조화 툴, 실시간 협업 기능 제공

- 용도: 체계적인 사고 정리 및 구조화, 독서 후 내용 분석과 글쓰기 계획 수립

- 평가 활용: 독서 과정의 핵심 내용 파악 및 구조화 능력 평가, 글쓰기 계획의
  논리성 및 체계성 분석, 아이디어 발전 과정의 창의성 및 확장성 평가

디지털 리소스 활용 방안

1. 학생들의 공감을 이끄는 글쓰기 주제 제안을 통한 자기 표현 교육

- 활동: '오늘의 일기' 플랫폼 활용 정기적 글쓰기 훈련, AI 피드백을 통한 표
  현력 향상

- 평가 예시: "감정 분석 AI를 활용해 2주간의 일기에서 감정 어휘와 표현 방식
  변화를 분석하고, 독창적인 문체 발견 과정을 담은 성찰 에세이를 작성하시
  오."

실습 하기

① 검색창에서 '오늘의 일기'를 검색하거나 https://todaysdiary.net 를 입력하면 홈페이지에 접속이 가능하다.

② 로그인을 클릭하면 회원 가입을 할 수 있다.

③ 회원 가입을 클릭하면 위와 같은 창이 나타난다. 초등학생과 중학교 2학년까지는 가입 시, 부모님의 동의가 꼭 필요하다는 점을 잊지 말자.

④ 로그인 후, 좌측 상단에 있는 '재미있는 일기 주제'를 클릭하면 위와 같은 화면이 나타난다. 제시된 주제가 마음에 든다면 중앙에 있는 '이 주제로 일기 쓰기'를 클릭하면 된다.

⑤ 공개 범위를 선택하고 제목과 내용을 작성하고 '저장'을 클릭하면 일기 쓰기
가 완성이 된다. 제시된 주제가 마음에 들지 않는다면 빨간색 '다른 주제'를
원하는 주제가 있을 때까지 클릭하면 된다.

2. 생각의 공유로 깊어지는 글쓰기

- 활동: 패들렛을 활용한 실시간 의견 공유와 협력적 문학 토론

- 평가 예시: "패들렛에서 '박씨부인전'의 주요 등장인물에 대한 해석을 공유
하고, 다른 학생들의 의견에 대한 논리적 반론이나 보완 의견을 제시한 후,
온라인 토론 과정에서 형성된 다양한 관점을 종합하여 작품의 새로운 해석
방안 제시하기"

3. AI가 도와주는 맞춤법 지킴이 교육

- 활동: 맞춤법/문법 검사기를 활용한 자기 주도적 글쓰기 교정과 문법 학습하기

- 평가 예시: "400자 수필을 맞춤법 검사기로 3회 이상 점검하고, 오류 유형별로 분류 및 교정 과정을 분석하여 문법 능력 향상 보고서를 작성하시오."

실습 하기

① 검색창에 '한국어 맞춤법 문법 검사기'를 입력하거나 https://nara-speller.co.kr/ speller/ 주소를 입력해서 맞춤법 검사기에 접속해 보자.

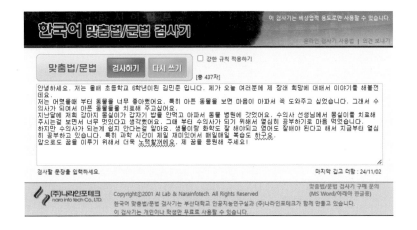

② 사이트를 살펴보면 맞춤법/문법 검사하기 다시 쓰기 사용할 수 있는 기능이 간단하다는 것을 알 수 있다. 학생이 작성한 글을 입력하고 검사하기 를 클릭해 보자.

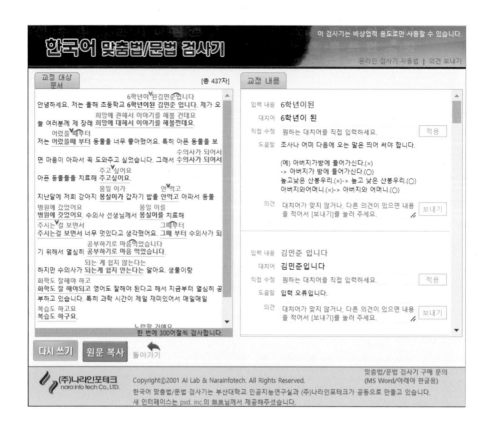

③ 검사기를 통해 글을 교정한 모습이다. 왼쪽에는 글을 수정하여 주고 오른쪽
에는 교정 내용을 알려 준다. 온라인 검사기 사용법 을 클릭하면 자세한 사용
방법이 나타난다.

④ 맞춤법 검사기의 자세한 검사기 사용법 안내이다. 맞춤법 검사기를 활용해 글쓰기 과제의 자가 점검 도구로 활용하고 오류 수정 과정을 평가에 반영하기, 학생별 맞춤법 오류 패턴 파악하기 등을 평가 도구로 활용할 수 있다.

4. 마인드맵으로 펼치는 생각의 지도

- 활동: 깃마인드를 활용한 글쓰기 구조화와 협력적 아이디어 발상 과정 경험

- 평가 예시: "불국사의 문화재적 가치를 소개하는 글을 위해 깃마인드로 마인드맵을 제작하고, 역사적 가치 - 건축학적 특징 - 미학적 의미로 이어지는 구조를 시각화한 후, 작성된 마인드맵을 바탕으로 1200자 설명문 완성하기"

◆ 실습 하기

① 검색창에서 '깃마인드'를 입력하거나 https://gitmind.com/ 주소를 활용해 Gitmind 에 접속해 보자. 우측 상단의 로그인 을 클릭하여 회원 가입을 해 보자.

② Google 아이디로 손쉽게 가입할 수 있다.

③ 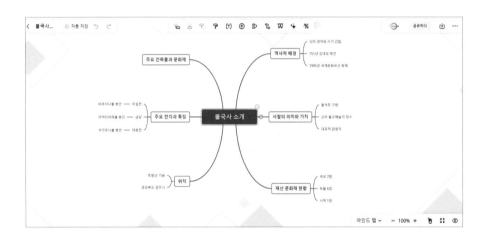 새로운 지도 +를 클릭하고 마인드맵을 작성해 보자. 여기서는 불국사를 소개하는 글에 대한 마인드맵을 작성해 보겠다.

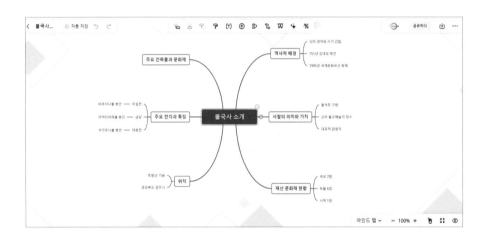

④ 불국사를 소개하는 글에 대한 마인드맵을 작성하였다. 화면의 상단에 있는 주요 기능들을 소개하면 아래와 같다.

아이콘	주요 기능
	하위 노드: 선택한 노드의 자식 노드를 추가한다.
	마디: 선택한 노드 뒤에 노드를 추가한다.
	부모 노드: 선택한 노드의 부모 노드를 추가한다.
	포맷페인터: 선택한 노드의 서식을 적용한다.
	텍스트: 선택한 노드의 텍스트 스타일을 사용자 지정한다.
	끼워넣기: 선택한 노드에 다른 요소를 추가한다.
	요약: 선택한 노드에 요약을 추가한다.
	관계: 선택한 노드의 관계를 만든다.
	슬라이드쇼: 마인드맵을 슬라이드쇼로 변환한다.
	인공지능: 프롬프트에서 빠르게 콘텐츠를 생성한다.
	스타일: 스타일 표시 옵션을 숨기거나 나타나게 한다.
	AI 조종사: 지능형 마인드맵 생성형 도우미
공유하다	공유하기: 지능형 마인드맵에 대한 고유 링크 만들기
	내보내기: 원하는 형식으로 결과물 내보내기

⑤ 이 중, 다른 마인드맵과 차별화되는 특별한 기능을 사용하는 모습을 아래의 QR코드를 활용하여 영상으로 살펴보도록 하자.

QR check!

02. 영어 교과
Google Read Along, AI 펭톡, BBC Learning English, ChatGPT Plus

구체적 사례(1960~70년대 한국의 일반적인 고등학교 수업)

1980~90년대 한국의 일반적인 고등학교 영어 교실은 40~50명의 학생들로 가득 차 있었고, 교실에는 칠판과 영어 알파벳 차트, 한 대의 구형 카세트 플레이어가 전부였다. 수업은 대부분 교사가 한국어로 영어 문법을 설명하고, 영어 회화도 교사가 직접 본문을 읽어 주는 방식이었다. 원어민 발음을 접할 수 있는 기회는 극히 제한적이었고, 학습 자료 역시 문법 설명과 번역 위주의 교재에 의존했으며, 실제 영어 대화 상황을 담은 비디오 자료는 거의 없었다.

평가 방식

1. 문법 시험

- 예시 문제: "다음 문장을 수동태로 바꾸시오: He writes a letter every day."

- 평가 방법: 문법 규칙을 암기하고 정확하게 적용하는 능력을 평가한다.

이러한 문법 평가 방식은 단순 암기와 기계적 전환에만 치중하여, 실제 의사소통 상황에서 필요한 문법 활용 능력을 측정하지 못한다는 한계가 있다. 또한, 맥락에 따른 적절한 문법 선택 능력을 평가하기 어렵다.

2. 읽기 이해력 테스트

- 예시 문제: "다음 지문을 읽고 내용에 관한 물음에 답하시오."

- 평가 방법: 문어체 중심의 지문 독해력과 세부 정보 파악 능력을 평가한다.

이러한 읽기 평가는 실생활에서 접하는 다양한 형태의 텍스트 이메일, SNS, 광고 등에 대한 이해력을 측정하지 못하며, 비판적 읽기나 추론적 이해력을 평가하기 어렵다는 한계를 지닌다.

3. 말하기 평가

- 예시 문제: "다음 한국어 문장을 영어로 말하시오: 나는 학생입니다."

- 평가 방법: 문장의 영어 전환 능력과 발음의 정확성을 평가한다.

이와 같은 말하기 평가는 실제 대화에서 필요한 상호작용 능력, 상황에 따른 적절한 표현 선택, 의사소통 전략 등을 평가하지 못한다는 근본적인 한계를 가진다. 또한, 자연스러운 의사 표현 능력을 측정하기 어렵다.

4. 듣기 평가

- 예시 문제: "다음 들려 주는 문장을 받아 적으시오: The weather is nice today."

- 평가 방법: 교사가 2~3회 읽어 주는 영어 문장을 정확히 받아쓰는 능력을 평가한다.

이러한 듣기 평가는 실제 원어민과의 대화나 다양한 상황에서 발생하는 자연스러운 발화를 이해하는 능력을 측정하지 못한다. 또한, 다양한 억양, 속도, 발음 변이에 대한 적응력과 전반적인 맥락 이해 능력을 평가하기 어렵다는 문제점이 있다.

아날로그 평가의 딜레마

1. 문법 지식과 실제 의사소통 능력의 불균형

학생 A는 완벽한 문법으로 "I have been studying English for 6 years."라고 쓸 수 있지만, "How long have you been studying English?"라는 질문을 들었을 때 대답하지 못한다.

2. 발음과 억양의 문제

학생 B는 'r'과 'l'의 발음 차이를 인지하지 못해 'right'와 'light'를 같은 발음으로 말한다. "I'm fine, thank you, and you?"라는 문장을 톤의 변화 없이 기계적으로 말한다.

3. 일상적 표현 사용의 어려움

학생 C는 "It's raining cats and dogs."라는 표현을 들었을 때 문자 그대로 고양이와 개가 비처럼 내린다고 이해한다. "What's up?"이라는 인사를 들었을 때 하늘을 가리키며 대답하려 한다.

4. 실제 대화 상황에서의 혼란

유학을 간 학생 D는 "I'm down for that."이라는 말을 듣고 '기분이 가라앉다'의 의미로 이해해 상대방이 제안을 거절하는 것으로 오해했다. 실제로는 '그거 좋아, 나도 할게'라는 동의의 표현이었다.

도움이 될 수 있는 디지털 리소스들

1. Google Read Along: android app

- 특징: AI 기술을 활용한 맞춤형 독서 학습 도우미

- 사용: 읽기 능력 향상, 발음 교정, 어휘력 증진

- 평가 활용: 읽기 속도 및 정확도 측정, 발음 정확도 분석, 어휘력 향상도 추적

2. AI 펭톡: android, ios app

- 특징: EBS에서 개발한 AI 기반 영어 학습 앱

- 사용: 말하기 연습, 발음 교정, 일상 회화 학습

- 평가 활용: 말하기 유창성, 발음 정확도 측정, 회화 능력 진단, AI 피드백 평가

3. BBC Learning English: https://www.bbc.co.uk/learningenglish, android, ios app

- 특징: BBC에서 제공하는 공신력 있는 영어 학습 플랫폼

- 사용: 뉴스 청취, 문법 학습, 발음 가이드

- 평가 활용: 시사 뉴스 기반 청취·독해 및 토론 평가, 문법 퀴즈와 영작문 평가

4. ChatGPT Plus: https://chatgpt.com, android, ios app

- 특징: GPT-4 기반의 대화형 AI 튜터

- 사용: 영작문 교정, 회화 연습, 문법 설명, 독해 지원

- 평가 활용: 실시간 작문 오류 분석, 언어 수준 진단, 학습 성과 추적, 유창성 평가

디지털 리소스 활용 방안

1. Read Along을 활용한 활동 및 평가

- 활동: 주간 독서 챌린지, 매주 새로운 이야기를 선정하여 읽기 연습하기

- 평가 예시: "Read Along의 'Stories' 섹션에서 자신의 수준에 맞는 영어 동화를 선택하여 3회 이상 반복 읽기를 수행한 후, 앱이 제공하는 발음 정확도와 유창성 향상 데이터를 포트폴리오로 정리하시오."

실습 하기

① ▶ Google Play 구글 플레이에서 Read Along 앱을 다운로드하고 설치해 보자. 설치를 완료하고 나면 오른쪽과 같은 언어 선택 화면이 나타난다. 'English Only'를 선택해 보자.

② Read Along에 대한 몇 가지 소개가 있고 나면 사용할 구글 계정을 선택할 수 있다. 파란색 버튼을 탭 해 보자.

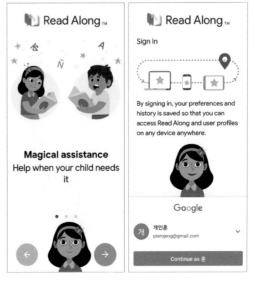

③ 캐릭터 그림을 선택하고 나면 오른쪽과 같이 학습할 수 있는 수많은 콘텐츠
가 나타난다. 지도하는 학생의 학년과 수준에 맞는 내용을 먼저 학습해 보고
학생들에게 제시해 보자. 대부분의 콘텐츠가 제시된 문장을 따라 읽고 이에
대한 피드백을 제시하는 방식으로 매우 효과적인 지도가 가능하다.

2. AI 펭톡을 활용한 활동 및 평가

- 활동: 일일 회화 미션, 매일 15분씩 AI와 대화하며 특정 상황 연습하기

- 평가 예시: "AI 펭톡에서 '카페 주문하기' 시나리오를 3회 이상 반복 연습하고, AI가 제공하는 발음·억양 피드백 데이터와 녹음된 대화를 분석하여 상황별 영어 표현의 정확성과 자연스러움을 평가하는 성장 보고서 작성하시오."

실습 하기

① 구글 Play에서 AI 펭톡 앱을 다운로드하여 설치해 보자. 애플의 AppStore에서도 다운로드와 설치가 가능하다.

② 살고 있는 지역과 학교 구분, 학년 그리고 사용할 닉네임을 입력하고 **정보 등록하기**를 탭 해 보자.

③ 학습하고자 하는 단원의 월드를 탭하여 학습을 시작해 보자.

④ '단어 듣고 따라하기'부터 시작해 보자. 마이크를 탭 하면 녹음이 시작되고
   한 번 더 탭 하면 녹음이 종료된다.

⑤ 녹음을 종료하면 AI가 음성을 분석하여 따라 말하기에 대한 평가를 해 준다. 원어민의 음성을 한 번 들려주고 학습자의 음성을 한 번 들려주는 식이다. 더 듣기를 원한다면 원어민 듣기 내 녹음 듣기 아이콘을 눌러서 더 들어 보자. 결과가 궁금하다면 결과보기 → 를 탭 하여 보자.

⑥ 다음 단계는 한글로 표기된 단어의 뜻을 보고 해당 영어 단어를 탭 하는 게임을 하게 된다. 정답에 해당하는 단어를 탭 해 보자.

⑦ 다음 단계는 영어 문장을 듣고 따라 말하기이다. 말하기가 끝나면 녹음된 음성을 AI가 분석하여 평가해 준다. 다시 하고 싶다면 다시하기 ↺ 를 탭 하고 만족스럽다면 계속하기 → 를 탭 해 보도록 하자.

⑧ 다음 단계는 문장을 듣고 단어를 문장 철자에 맞게 배열하는 것이다. 문장에 맞는 단어를 배열해 보자.

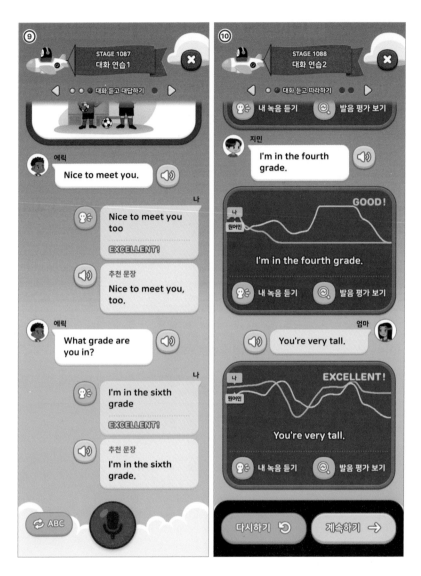

⑨ 다음 단계는 대화에 필요한 문장을 말하기이다. 대화에 맞는 문장을 말해 보자.

⑩ 문장을 말하면 AI가 녹음된 내용을 바탕으로 문장 말하기에 대한 평가를 한다. 만족스러울 때까지 반복해서 대화에 맞는 말하기를 해 보자. 만족스러운 말하기가 완료되었다면 계속하기 → 를 탭 해 보자.

⑪ 활동을 마치면 활동에 대한 '분야별 평가', '분야별 별점' 그리고 '출석 현황'
에 대한 활동 현황에 대한 피드백을 받을 수 있다. 이 화면을 선생님에게 공
유하면 학생의 영어로 듣고 말하고 읽기 능력에 대한 평가가 종합적으로 이
루어질 수 있다.

3. BBC Learning English를 활용한 활동 및 평가

- 활동: 뉴스 리포팅, 주간 뉴스를 청취하고 요약하여 발표하기

- 평가 예시: "BBC Learning English의 'News Report' 섹션에서 이번 주 글로벌 이슈 관련 뉴스를 선택하여 3회 이상 청취한 후, 핵심 표현을 포함한 영어 요약문을 작성하고, 학급 토론에서 뉴스 내용을 바탕으로 자신의 의견을 영어로 발표하시오."

실습 하기

① 검색창에서 'BBC Learning English'를 입력하거나 https://www.bbc.co.uk/learningenglish/ 주소를 입력해서 BBC Learning English에 접속해 보자.

② 우측 상단에 있는 한국어 언어 변경 ▼ 을 클릭해 한국어로 언어를 변경해 보자. 이제 좌측 상단에 있는 ●로그인 을 클릭해 회원 가입을 해 보자.

③ 지금 등록하세요 를 클릭해 회원 가입을 해 보자.

④ 만 16세 이상이 되어야 정식으로 등록이 가능한 것을 알 수 있다. 정규 평가로는 고등학생만 가능할 수 있을 것으로 생각된다. 이메일을 입력하고 계속하다 를 클릭해 보자. 이어서 비밀번호와 생년월일을 입력하면 바로 사용이 가능하다.

⑤ 로그인이 완료되면 위 화면 같이 다양한 영어 학습 레슨이 있는 것을 확인할 수 있다. 모든 레슨이 한국어 학습 안내가 지원되고 학생에게 알맞은 레슨을 찾아 학생에게 제공해 보자.

English Expressions 을 클릭해 보겠다.

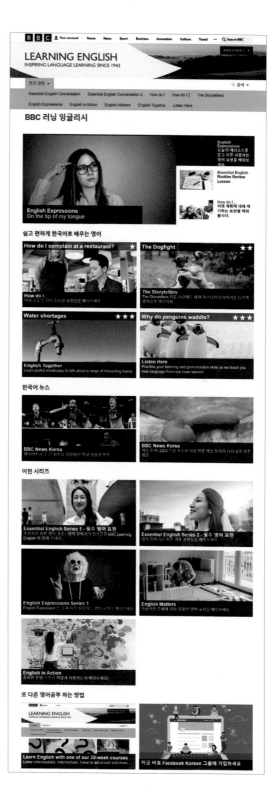

⑥ 엑티비티에 대한 안내가 있고 을 클릭하면 오늘의 강의를 한국어로 청취
가 가능하다. **스크립트 보기 ∨** 를 클릭하면 스크립트를 확인하는 것도 가능하
다. 강의 청취를 마치면 퀴즈를 풀 수 있다. **퀴즈 시작 >** 을 클릭해 퀴즈를 풀어
보자.

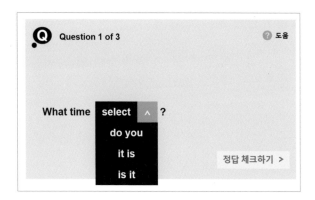

⑦ 제공되는 퀴즈를 풀고 활동에 대한 평가를 받아 보도록 하자.

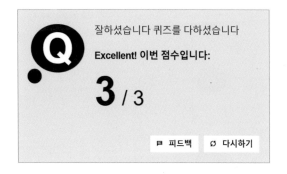

⑧ 피드백 을 클릭하면 평가에 대한 문항별 피드백이 제공된다.

⑨ 레슨마다 제공되는 유닛 검색기를 활용하면 누적된 평가와 성취도를 확인하
   고 평가하는 것이 가능하다.

4. ChatGPT를 활용한 활동 및 평가

- 활동: AI 기반 영어 튜터와 함께하는 상황별 회화 연습, 작문 교정 피드백 학습, 맞춤형 문법 포인트 학습을 통한 종합적 영어 능력 향상 활동하기

- 평가 예시: "AI 튜터와 주 3회 이상 실제 상황 기반 영어 대화를 수행하고, 대화 내용과 AI의 교정 피드백을 포트폴리오로 정리하여 본인의 회화·작문·문법 영역별 성장 과정을 영상물로 제출하시오."

실습 하기

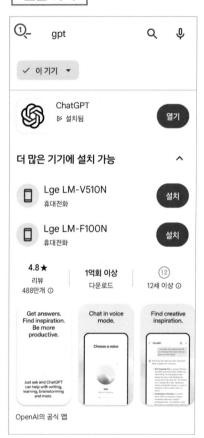

① 구글 Play나 애플 AppStore를 통해 챗GPT를 설치해 보자.

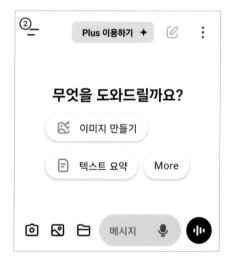

② 설치가 완료되면 나타나는 화면이다. 를 탭 해서 대화를 시도해 보자.

③ 챗GPT가 대화할 준비가 되었다. 대화를 시도해 보자. 영어 회화를 연습하는 과정이니 아래의 요청하는 것을 잊지 말고 꼭 말하도록 하자.

챗GPT와 영어 연습을 할 때 효과적인 학습을 위한 필수 Tip

1. 명확한 목표 설정
- 대화를 나누고 실천하고 싶은 특정 상황을 제시하기
- 예: "공항에서 전투하는 상황을 연습하고 능력"
- 사용하고 싶은 특정 표현을 중심으로 대화하기

2. 공부 대화 유도
- 질문/답변이 아닌 실제 대화처럼 이어지기
- 예: "원어민처럼 대화해 줘"
- 본인의 실제 경험과 관심을 바탕으로 대화하기

3. 답변 요청하기
- 대화 후 자신의 표현을 믿으며 피드백을 요청
- 예: "내 말의 문법적 실수와 발음을 바로잡죠?"
- 대화의 오류를 즉각적으로 수정받으며 대화하기

4. 영어 표현 난도 조절
- 처음에는 쉬운 주제로 시작해서 더 어렵고 다양한 분야로 발전
- "더 쉬운 영어를 사용하세요." 또는 "더 고급 어휘를 사용하세요."

④ 우측의 QR코드를 활용해 하울쌤이 실제로 챗GPT와 회화
연습하는 모습을 확인해 보자. 하울쌤의 대화와 같이 학생
들이 GPT와 대화하는 모습을 영상으로 녹화해 제출하면
입체적인 평가와 피드백이 가능하다는 것도 잊지 말도록
하자.

QR check!

⑤ 대화를 마치고 나면 대화의 스크립트
를 보면서 부족한 부분을 보충하거나
연습할 수도 있다.

> ☰ **ChatGPT 4o** ✏ ⋮
>
> simple conversation. I'll ask
> you a question, and you can
> answer. Here we go: What do
> you like to do in your free time?
>
> *"OK."*
> 🎤 00:01
>
> Great! So, what do you like to
> do in your free time? You can
> start your answer with "In my
> free time, I like to..." and then
> tell me what you enjoy doing.
>
> *"I love to play table tennis.
> I go to the gym for table
> tennis five times in a
> week."*
> 🎤 00:13
>
> ⬛ 메모리 업데이트됨
> Wow, that's impressive! Playing
> table tennis five times a week
> must keep you in great shape.
> It's a fun way to stay active! Do
> you play competitively, or just
> for fun?
>
> 📷 🖼 🗂 메시지 🎤

03. 수학 교과 GeoGebra, Wolfram Alpha, Khan Academy

구체적 사례(1980~90년대 한국의 일반적인 고등학교 수학 수업)

1980~90년대 한국의 일반적인 고등학교 수학 교실은 40~50명의 학생들로 구성되어 있었으며, 교실에는 칠판과 분필만이 있었고 그래프용지도 제한적으로 사용되었다. 대부분의 학생은 개인용 계산기조차 사용하지 못했다. 수업은 주로 교사가 칠판으로 개념을 설명하고, 그래프는 수작업이나 교과서의 흑백 이미지로만 제시되었다. 학생들은 공식 암기와 문제 풀이에 집중했으며, 학습 자료는 교과서, 문제집, 참고서 등 흑백 인쇄물에 국한되었다. 특히 수학적 개념의 시각화와 실생활 연계를 위한 교구와 자료는 매우 부족했다.

평가 방식

1. 대수적 계산 능력 평가

- 예시 문제: "$y=2x^2+3x-5$의 꼭짓점의 좌표를 구하시오."

- 평가 방법: 이차함수의 꼭짓점 공식을 암기하고 적용하는 능력을 평가한다.

이런 방식의 문제는 학생들의 이차함수에 대한 이해도와 대수적 조작 능력을 종합적으로 측정하는 것을 목표로 한다. 그러나 이 방식만으로는 개념의 깊은 이해나 실제 적용 능력을 완전히 평가하기는 매우 어렵다.

2. 함수의 그래프 특성 서술

- 예시 문제: "y=sin x 그래프의 주기와 진폭을 구하시오."

- 평가 방법: 삼각함수의 기본 특성을 암기하고 서술하는 능력을 평가한다.

이러한 평가 방식은 삼각함수의 동적인 특성과 그래프 변화에 대한 이해 없이 단순히 암기된 정보를 재생산하는 것에 그친다. 또한, 삼각함수의 실제 응용이나 다양한 변형에 대한 학생들의 이해도를 측정하지 못하는 한계를 지닌다.

3. 간단한 그래프 스케치

- 예시 문제: "y=|x| 그래프를 개략적으로 그리시오."

- 평가 방법: 기본적인 함수의 그래프 모양을 암기하고 재현하는 능력을 평가한다.

이러한 평가 방식은 절댓값 함수의 본질적 의미나 특성을 이해하지 못한 채 단순히 그래프 모양을 암기하여 재현하게 한다. 또한, 함수의 연속성, 미분 가능성 등 깊이 있는 개념과 실생활 응용에 대한 학생들의 이해도를 측정하지 못하는 한계를 지닌다.

4. 미분계수 계산

- 예시 문제: "$y=x^3-2x+1$의 $x=2$에서의 미분계수를 구하시오."

- 평가 방법: 미분 공식을 암기하고 적용하는 능력을 평가한다.

이러한 평가 방식은 미분의 기하학적 의미나 실제적 응용을 이해하지 못한 채 단순히 공식을 적용하는 데만 치중하게 한다. 또한, 미분계수의 개념적 이해 없이 기계적 계산만 하게 되며, 다양한 문제 해결 능력을 측정하지 못하는 한계를 지닌다.

아날로그 평가의 딜레마

1. 그래프의 동적 이해 부족
학생 A는 $y=a+b+c$에서 a, b, c 값의 변화가 그래프에 미치는 영향을 직관적으로 이해하지 못한다.

2. 실생활 응용 능력 제한
학생 B는 이차함수의 그래프가 포물선 모양임은 알지만, 이것이 실제 물체의 운동예: 농구공의 궤적과 어떻게 연관되는지 이해하지 못한다.

3. 함수 간 관계 이해의 어려움
학생 C는 $y=\sin x$와 $y=\cos x$의 그래프를 각각 그릴 수 있지만, 두 함수의 관계위상 차이를 시각적으로 이해하지 못한다.

4. 미분의 기하학적 의미 파악 어려움
학생 D는 미분계수를 계산할 수 있지만, 이것이 접선 기울기를 나타낸다는 것을 그래프상에서 이해하지 못한다.

5. 최적화 문제 해결의 어려움
학생 E는 이차함수의 최댓값, 최솟값을 계산할 수 있지만, 이를 실생활 문제예: 최소 비용, 최대 효율에 적용하는 데 어려움을 겪는다.

도움이 될 수 있는 디지털 리소스들

1. GeoGebra: https://www.geogebra.org)

- 특징: 동적 기하 소프트웨어, 대수와 기하를 통합, 전 세계 1억 명이 사용

- 사용: 함수 그래프 시각화, 기하학적 구성, 매개변수 조작

- 평가 활용: 그래프 작도와 해석, 수학적 개념 이해, 도구 활용 능력 평가

2. Desmos: https://www.desmos.com)

- 특징: 온라인 그래핑 계산기, 직관적인 인터페이스

- 사용: 복잡한 함수 그래프 작성, 데이터 시각화 및 분석

- 평가 활용: 데이터 모델링, 관계 분석, 수학적 의사소통 능력 평가

3. Wolfram Alpha: (https://www.wolframalpha.com

- 특징: 계산 지식 엔진, 광범위한 수학 문제 해결

- 사용: 복잡한 계산, 방정식 풀이, 그래프 생성

- 평가 활용: 수학적 개념의 이해도, 다양한 해법 변환과 결과 해석 능력 평가

4. Khan Academy: https://ko.khanacademy.org

- 특징: 무료 온라인 교육 플랫폼, 단계별 학습

- 사용: 개념 학습, 연습 문제, 비디오 강의

- 평가 활용: 자기 주도 학습, 수학적 개념 이해와 적용, 학습 의지 평가

디지털 리소스 활용 방안

1. 동적 그래프 탐구

- 활동: GeoGebra를 사용해 함수의 계수 변화에 따른 그래프 변화를 실시간 관찰

- 평가 예시: "이차함수 $y=ax^2+bx+c$에서 a, b, c 값의 변화가 그래프에 미치는 영향을 GeoGebra로 시각화하고 분석 보고서를 작성하시오."

실습 하기

① 크롬 브라우저에서 '지오지브라'를 검색하여 클릭하면 위와 같은 화면이 나타난다.

② 우측 상단에 있는 '로그인'을 클릭하고 구글 메일로 로그인을 해 보자.

③ 상단 중앙에 있는 '계산기' 옆에 있는 ▼을 클릭하면 이런 화면이 나타난다. 이 중 '그래픽 계산기'를 클릭해 보자.

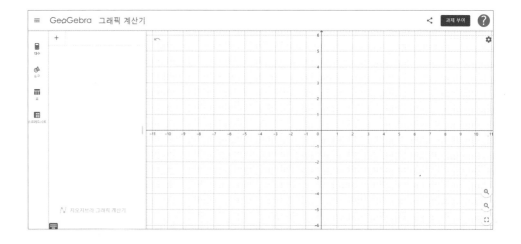

④ 위의 그림이 GeoGebra 그래픽 계산기의 모습이다. 좌측 하단에 있는 ⌨ 모양의 키보드 아이콘을 선택하면 이차함수 그래프의 식을 입력할 수 있다.

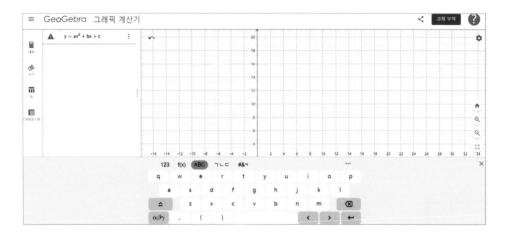

⑤ 웹사이트의 키보드를 활용하여 이차함수 'y=ax^2+bx+c' 식을 입력하고 있는
모습이다.

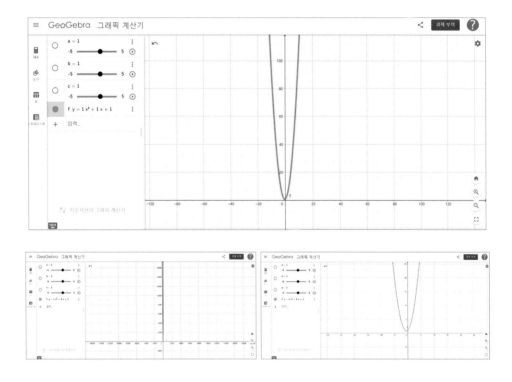

⑥ 식을 입력하면 이차함수 그래프의 모습이 나타난다. 오른쪽 화면은 스크롤을
굴려서 확대한 모습이다.

⑦ 전체 그래프의 모습을 관찰하려면 마우스의 휠을 활용하여 확대/축소를 할 수 있다. 우측 하단의 ⊕ , ⊖ 아이콘을 활용해도 된다.

⑧ 이 부분을 자세히 살펴보면 a, b, c 값에  범위와 재생 버튼이 있는 것을 알 수 있다. 이를 클릭하면 a, b, c 각각의 값의 변화에 따라 그래프의 모양이 변화하는 것을 볼 수 있다. 물론 동시에도 가능하다. 이상의 조작 방법은 아래의 QR코드로 확인해 보자.

QR check!

https://youtu.be/trZgyCGibTo

2. 복잡한 문제 해결 과정 시각화

- 활동: Wolfram Alpha를 사용해 복잡한 수학 문제의 해결 과정을 단계별 확인

- 평가 예시: "Wolfram Alpha를 활용하여 주어진 연립방정식의 해를 구하고, 각 단계별 풀이 과정을 수학적으로 설명하시오."

$$y(x-z) = 3$$
"연립방정식 $z(y-x) = 6$ 의 x, y, z 각각의 해를 구하시오. (단 x>0, y>0, z>0)"
$$x(z+y) = 12$$

실습 하기

① 검색창에서 'wolfram alpha'를 입력하여 wolfram alpha 홈페이지에 접속해 보자.

② 위와 같이 검색 엔진과 같은 화면이 나타나면 바르게 연결된 것이다. Wolfram Alpha는 다양한 방면에 대한 해답을 제시해 주는 사이트이다. 우측 상단의 '로그인'을 클릭해 보자.

③ Wolfram Alpha를 사용하기 위해
서는 계정을 만들어 주어야 한다.
'하나 만드세요'를 클릭해 보자.

④ 정보를 입력하고 'Wolfram ID 생
성'을 클릭한 후, 로그인을 해 보자.

⑤ 로그인을 한 후에는 초기의 화면이 나타나는데 'solve y(x-z)=3 z(y-x)=6 x(z+y)=12'라고 수식을 입력한 후, ▦ 버튼을 클릭하면 된다.

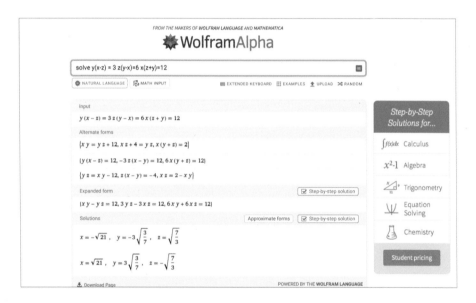

⑥ 위 화면과 같이 입력된 값에 대한 풀이 과정이 나타난다.

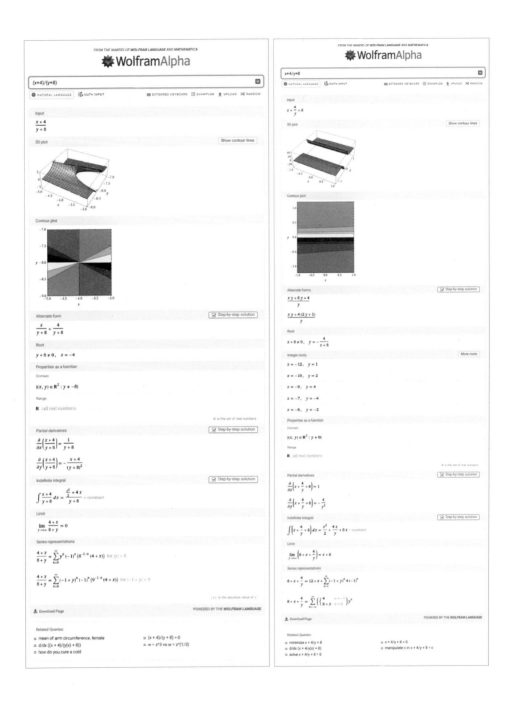

⑦ 왼쪽은 x+4/y+8를 입력했을 때, 오른쪽은 (x+4)/(y+8)을 입력했을 때 나타나
는 결과이다. 괄호에 주의해서 입력하도록 하자.

3. 개념적 이해 강화

- 활동: Khan Academy의 비디오 강의와 연습 문제를 활용한 자기 주도 학습

- 평가 예시: "삼각함수 단원 학습 후, 학습 진도와 퀴즈 결과를 바탕으로 자기 평가 근거 자료와 소감문을 작성하시오."

실습 하기

① 검색창에서 '칸 아카데미'를 입력하거나 https://ko.khanacademy.org/ 주소를 입력하여 칸 아카데미 홈페이지에 접속해 보자.

② 구글을 활용해 회원 가입을 할 수 있다. 학습자와 학부모도 가입이 가능하고 학습자는 학부모의 동의가 필요함을 알아 두자.

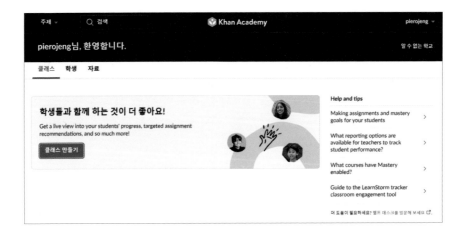

③ 로그인을 하고 나면 나타나는 화면이다. '클래스 만들기'를 클릭해 보자.

④ '클래스 만들기'를 클릭하면 나타나는
팝업창이다. '아니요'를 선택하고 저장
해 보자.

⑤ 클래스 이름을 저장하거나 사용 중인
구글 클래스가 있다면 연결도 가능하
다. 클래스 이름을 선택하고 '다음'을
눌러 보자.

⑥ 원하는 학생의 학년을 선택하고 '다음'을 클릭하자.

⑦ 위의 세 가지 방법 중 편리한 방법으로 학생을 초대하면 된다.

⑧ 학생 초대를 마쳤다면 '코스 또는 단원 마스터리 목표 배정하기'를 해 보자. 코스 전체를 배정하거나 원하는 단원만 배정하는 것도 가능하다. 마감일도 설정하였다면 코스 목표 생성하기 를 클릭해 보자.

⑨ 선생님은 학생들의 목표 진도 달성 비율을 '진도'에서 확인할 수 있다. 다음으로 '과제 내주기'를 클릭해 보자.

⑩ '과제 내주기'를 활용하면 원하는 단원의 필요한 과제를 선택하여 과제를 부
　여하는 것이 가능하다. 과제 내주기 (8) 를 클릭해 보자.

⑪ '과제 내주기'를 클릭하면 이와 같은 팝업창이 나타난다. '모든 학생이 같은
　문제를 풀게' 할 수도 있고 '각 학생인 서로 다른 문제를 풀게' 할 수도 있다.
　학생을 개별적으로 선택하는 것도 가능하고 과제의 시작 일과 기한을 정한
　다음 과제를 내주어 보자.

⑫ '점수'를 클릭하면 학생의 현재 과제 스코어를 확인할 수도 있다.

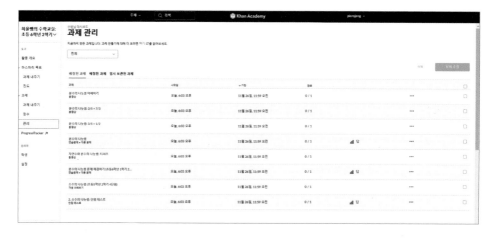

⑬ '과제 관리'에 들어가면 전체 과제의 진행 상태와 활동 수행 능력도 모니터링
이 가능하다.

04. 역사 교과

국사편찬위원회 한국사데이터베이스, 한국독립운동정보시스템,
World Digital Library, Sutori

구체적 사례(1980~90년대 한국의 일반적인 고등학교)

    1980~90년대 한국의 일반적인 고등학교 역사 교실에는 40~50명의 학생들이 앉아 있었고, 벽면에는 한국사 연표와 세계사 지도가 걸려 있었다. 수업은 주로 교사가 교과서 내용을 설명하고 학생들이 필기하는 방식으로 진행되었으며, 시청각 자료는 간혹 흑백 사진이나 간단한 도표 정도만 활용되었다. 학습 자료는 교과서와 흑백 문제집에 국한되었고, 사료 부족으로 역사를 다양한 관점에서 이해하기 어려웠다. 특히 시대별 암기와 단편적 지식 습득에 치중되어 역사를 입체적으로 이해하는 데 한계가 있었다.

평가 방식

1. 연도 암기

- 예시 문제: "임진왜란(또는 대한민국 정부 수립, 4·19 혁명)은 몇 년에 일어났는가?"

- 평가 방법: 주요 역사적 사건의 연도를 암기하여 작성하는 능력을 평가한다. 학생들은 제시된 사건의 정확한 연도를 기억하고 답해야 한다.

이와 같은 연도 암기 평가 방법은 학생들이 단순히 연도를 외우는 데 집중하게 되어 역사적 사건의 맥락과 중요성을 이해하는 데 어려움이 있을 수 있다. 또한, 암기력에 의존하는 평가 방식은 학생들의 창의적 사고와 비판적 사고 능력을 충분히 평가하지 못할 가능성이 크다.

2. 인물 관련 사실 암기

- 예시 문제: "세종대왕(또는 이순신, 김구)의 업적을 3가지 쓰시오."

- 평가 방법: 10~15명의 주요 역사적 인물에 대한 기본 정보와 업적을 암기하게 한다.

이와 같은 인물 관련 사실 암기 평가 방법은 학생들이 인물의 업적을 단순히 외우는 데 집중하게 되어 역사적 인물의 삶과 그들의 업적이 미친 영향을 깊이 이해하는 데 어려움이 있을 수 있다. 또한, 암기력에 의존하는 평가 방식은 학생들의 분석적 사고와 비판적 사고 능력을 충분히 평가하지 못할 가능성이 크다.

3. 사건의 원인과 결과 나열

- 예시 문제: "프랑스 혁명(미국 독립 전쟁)의 원인과 그 결과를 설명하시오."

- 평가 방법: 주요 역사적 사건의 원인과 결과를 교과서에 서술된 대로 나열하게 한다.

이와 같은 사건의 원인과 결과 나열 평가 방법은 학생들이 사건의 원인과 결과를 단순히 외우는 데 집중하게 되어 역사적 사건의 복잡성과 상호작용을 깊이 이해하는 데 어려움이 있을 수 있다. 또한, 암기력에 의존하는 평가 방식은 학생들의 분석적 사고와 비판적 사고 능력을 충분히 평가하지 못할 가능성이 있다.

4. 역사적 용어 정의

- 예시 문제: "'아편전쟁'(또는 르네상스)에 대해 설명하시오."

- 평가 방법: 20~30개의 주요 역사적 용어나 사건에 대한 정의를 암기하여 작성하게 한다.

이와 같은 역사적 용어 정의 평가 방법은 학생들이 용어의 정의를 단순히 외우는 데 집중하게 되어 역사적 사건이나 개념의 깊은 이해를 방해할 수 있다. 또한, 암기력에 의존하는 평가 방식은 학생들의 비판적 사고와 응용 능력을 충분히 평가하지 못할 가능성이 있다.

아날로그 평가의 딜레마

1. 맥락 이해의 부족

학생 A는 프랑스 혁명의 연도와 주요 사건은 암기했지만, 당시의 사회경제적 상황이나 사상적 배경을 이해하지 못한다.

2. 역사적 인물에 대한 단편적 이해

학생 B는 이순신의 주요 전투와 업적은 알지만, 그의 리더십 특성이나 당시 정치적 상황에서의 역할을 깊이 있게 이해하지 못한다.

3. 사료 해석 능력 부족

학생 C는 실제 역사적 문서나 유물을 접한 경험이 거의 없어, 사료를 비판적으로 분석하는 능력이 부족하다.

4. 역사적 관점의 다양성 인식 부족

학생 D는 교과서에 서술된 단일한 관점만을 알고 있어, 같은 사건에 대한 다양한 해석이 있을 수 있다는 점을 인식하지 못한다.

5. 현재와의 연결성 이해 부족

학생 E는 과거의 사건을 단순히 '옛날 일'로만 인식하며, 이러한 역사적 사건이 현재에 미치는 영향을 고려하지 못한다.

도움이 될 수 있는 디지털 리소스들

1. 국사편찬위원회 한국사데이터베이스: http://db.history.go.kr
특징: 한국사 사료와 연구 자료 디지털화, 고문서·고도서·사진·지도 제공

사용: 원문 사료 접근, 시대별·주제별 검색, 한국사 연표 활용

평가 활용: 사료 조사 과제, 역사적 사실 근거 확인, 사료 비판 능력 평가

2. 한국독립운동정보시스템: https://search.i815.or.kr
특징: 한국독립운동의 인물, 사건, 단체 자료와 독립유공자 공적서 제공

사용: 독립운동 자료 검색, 사적지 정보 열람, 독립유공자 정보 조회

평가 활용: 독립운동가 활동 분석, 사건 연구, 지역 독립운동사 조사 발표

3. World Digital Library: https://www.wdl.org
특징: 세계 문화유산과 역사 자료 디지털화, 다국어 지원, 고해상도 이미지

사용: 다양한 국가 역사 자료 비교, 문화 간 교류 흔적 탐색, 역사문서 연람

평가 활용: 다른 문화권 역사 비교 분석, 세계 문화유산 연구 프로젝트

4. Sutori: http://Sutori.com

특징: 시간과 공간 결합 역사 시각화 도구, 협업 기능 제공

사용: 역사적 사건의 시공간적 관계 파악, 연대기 스토리텔링 제작

평가 활용: 사건 지도와 연표 제작, 역사적 사건 흐름도 작성

디지털 리소스 활용 방안

1. 사료 분석 능력 향상

- 활동: 국사편찬위원회 DB와 한국고전종합 DB를 활용해 원문 자료를 직접 탐구해 해석하기

- 평가 예시: "조선왕조실록과 문집에서 과전에 관련 기록을 찾아 과전을 지급한 이유와 폐지된 이유를 찾고 역사적 의의에 대해 분석하시오."

실습 하기

① 검색창에서 '한국사데이터베이스'를 검색하거나 http://db.history.go.kr/ 주소를 입력하여 한국사데이터베이스에 접속해 보자.

② '과전법'을 입력하면 위와 같은 결과가 나타난다. 조선왕조실록을 클릭하여
조선왕조실록에 수록된 과전을 지급한 이유와 폐지한 이유를 알아보자.

③ 조선왕조실록 원문에 기록된 내용 하나와 국역으로 번역된 사료 열한 개가
검색이 되었다. '원문'을 눌러서 확인해 보자.

④ 원문에서 '과전법'이 기록된 부분이 표기되어 있음을 알 수 있다. 우측 상단
　의 원본 보기 를 클릭해 보자.

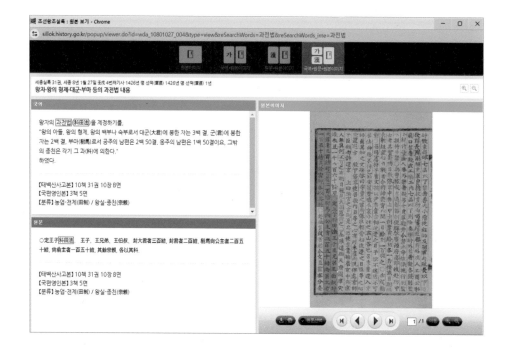

⑤ 팝업창이 나타나면 위와 같이 조선왕조실록 원문에 기록된 원문의 모습을 볼
　수 있다. 좌측에는 내용에 관한 설명이 나타난다.

⑥ 상단의 아이콘을 활용하면 원하는 방식으로 원문과 설문을 선택하여 보는 것
이 가능하다.

⑦ 검색 결과로 다시 돌아가면 과전법에 관한 국역 자료를 살펴볼 수 있다.

⑧ 과전에 관한 내용을 확인할 수 있다. 학생은 과전에 기록된 국역과 원문의 내용을 조사하고 탐구하여 과전을 지급한 이유와 폐지된 이유에 대한 역사적 의의를 도출할 수 있다.

2. 독립운동사 연구

- 활동: 한국 독립운동 정보 시스템을 활용해 독립운동의 활동과 공적 조사

- 평가 예시: "봉오동 전투의 독립운동 관련 역사적 사실을 조사하고, 그곳에서 활동한 독립운동가의 공적을 평가하시오."

실습 하기

① 검색창에서 '독립기념관 한국 독립운동 정보 시스템'을 입력하거나 https://search.i815.or.kr/main.do 주소를 입력하여 독립기념관 한국 독립운동 정보 시스템에 접속해 보자.

② '봉오동 전투'를 입력하고 검색하면 위와 같은 화면이 나타난다.

③ 이 중 '이인섭이 김세일에게 보낸 편지'를 클릭하면 위와 같은 화면이 나타난다. 자료명, 상세 내용, 자료 내용을 확인할 수 있다. 우측 상단에 원문이미지 를 클릭해 보자.

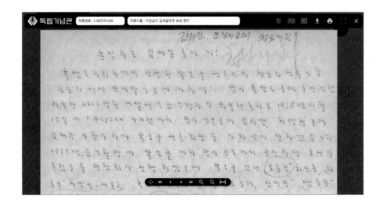

④ 봉오동 전투 중 이인섭이 김세일에게 보낸 편지가 원문으로 나타난다. 이인섭이 김세일에게 보낸 편지를 확인할 수 있고, 당시 봉오동 전투 상황을 설명하는 내용과 청산리 전투에 대한 회상을 확인할 수 있다.

3. 다각적 역사 해석

- 활동: World Digital Library를 활용해 같은 사건에 대한 다른 국가의 시각을 비교하기

- 평가 예시: "아편전쟁에 대한 영국과 중국의 역사적 서술을 비교하고 차이점을 분석하시오."

실습 하기

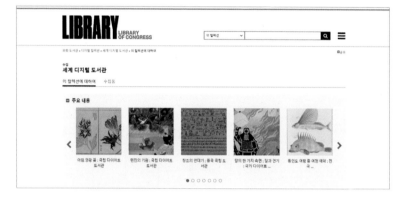

① 검색창에서 'World Digital Library'를 입력하거나 https://www.wdl.org/ 주소를 입력하여 World Digital Library에 접속해 보자.

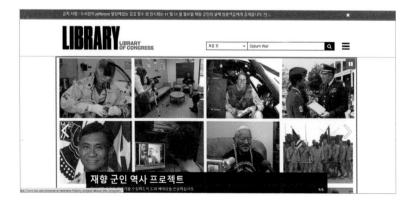

② 검색 조건을 '모든 것'으로 변경하고 아편전쟁을 영어로 번역하여 입력해 보자.

③ 아편전쟁에 관한 다양한 국가와 단체에서 작성한 자료가 나타난다. 이 중 '중국의 아편전쟁, 아편 합법화 및 아편 소비'라는 영국 국가경제연구국의 자료를 살펴보자.

④ '영국 국가경제국'의 아편전쟁에 대한 관점을 파악할 수 있다.

⑤ 검색되는 자료 중 '작년 중국에서'라는 제목의 1843년 자료를 클릭해 보자.

⑥ 자료에 대한 소개와 원문을 볼 수 있다. 화면 중앙의 `78개의 이미지를 순서대로 봅니다.` 를 클릭하면 자료의 모든 쪽을 확인할 수 있다.

⑦ 1842년경 중국에서 일어난 사회 문제와 아편전쟁에 관한 내용이 수록되어 있는 쪽을 찾아 확인해 보면 된다. 사이트의 검색이 영어로 되어 있고 검색되는 자료가 PDF 파일의 형식으로 되어 있으니 '구글 렌즈'나 '파파고'와 같은 프로그램과 병행하여 사용하면 좋다.

3. 시공간적 이해 증진

- 활동: Sutori를 활용하여 참여하는 사건의 시간적, 공간적 관계 파악하고 소개하기

- 평가 예시: "3·1 운동의 전개 과정과 개요를 시간순으로 정리하고 소개하는 보고서를 작성하시오."

실습 하기

① 검색창에서 'sutori'를 입력하거나 https://www.sutori.com 주소를 활용해서 sutori에 접속할 수 있다. 우측 상단의 가입하기를 눌러 가입해 보자.

② 구글 아이디를 통해 손쉽게 가입할 수 있다.

③ 가입을 완료하면 활용과 관련한 기본적인 정보를 묻는다. 계속하다 를 클릭
해 보자.

④ 정보를 입력하고 나면 학생 초대 화면이 나타난다.

⑤ 안내되는 학생 초대 방법을 활용해
학생을 초대해 보자. 구글 클래스
를 활용해 학생을 초대해 보겠다.

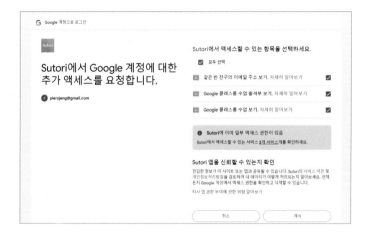

⑥ 요구하는 엑세스에 동의하기를 체크한 후 '계속'을 클릭해 보자.

성공!

귀하의 학생들이 귀하와 동기화되었습니다. 이제 귀하의 학생 목록에 나타나려면 Google
계정으로 Sutori에 계정을 만들어야 합니다.

Google Classroom에 공지사항 올리기 →

---

⑦ '성공'이라는 팝업창이 뜨고 Google Classroom과 연동하여 Sutori를 활용
할 수 있음을 알 수 있다.

⑧ Sutori 홈 화면으로 돌아가 보자. 위와 같은 화면이 나타난다. ╋ 를 클릭해 첫 번째 스토리를 만들어 보자.

⑨ ╋ 를 클릭하면 나타나는 화면이다. 주제에 맞는 섹션을 선택해 보자. 여기 서는 '영어 및 사회 연구'에서 '타임라인 템플릿'을 선택해 보겠다.

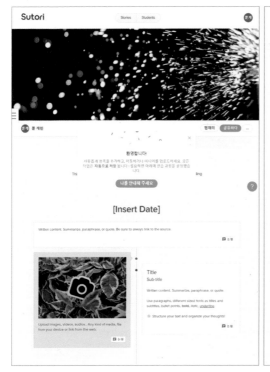

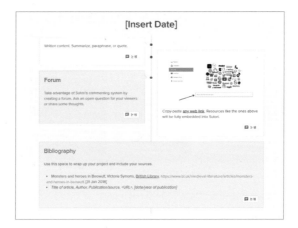

⑩ '타임라인 템플릿'을 선택하면 나타나는 화면이다. 공유하다 를 클릭하면 학생들을 초대할 수 있다. 모둠별로 혹은 개인적으로 과제를 완수할 수 있다. 3.1 운동에 대한 그림, 기사, 동영상 등을 타임라인에 맞게 업로드할 수 있고 그에 대한 의견도 논평 을 활용해 입력할 수 있다.

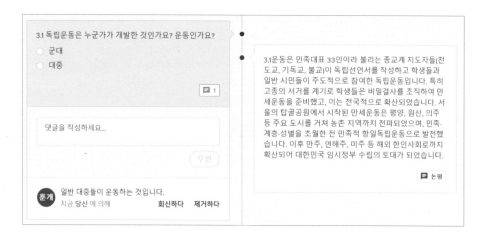

⑪ 필요에 따라 퀴즈와 그에 대한 설명 그리고 댓글 쓰기도 활용 가능하다.

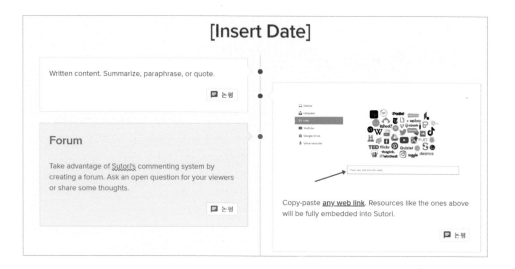

⑫ 필요에 따라 유튜브 링크를 연결하거나 신문 기사를 연결할 수도 있도록 오른쪽과 같이 멘티미터 등을 활용하여 워드 클라우드 형태로 설문을 하거나 의견을 수렴하는 것도 가능하다. 해당 웹페이지를 평가 결과물로 활용하면 입체적이고 깊이 있는 평가가 가능하다.

05. 과학 교과 PhET Interactive Simulations, Khan Academy, Zooniverse, Thingiverse

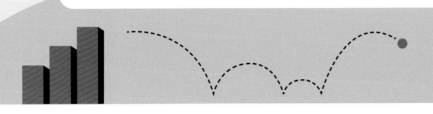

구체적 사례(1990년대 일반적인 고등학교 과학 수업)

1980~90년대 한국의 일반적인 고등학교 과학 실험실은 6~8개의 실험대에 6~8명의 학생이 배정되었고, 비커, 시험관, 알코올램프 등 기본 실험 도구는 제한적으로 구비되어 있었다. 고가의 장비는 거의 없거나 교사 시연용으로 1대만 있었다. 대부분의 '실험' 수업은 교과서의 실험 과정을 읽고 결과를 상상하는 방식이었으며, 실제 실험 시에도 한 조당 1~2명만 직접 참여할 수 있었다. DNA 전기영동이나 분광 분석 같은 고가 장비가 필요한 실험은 이론으로만 배웠고, 실제 실험은 산-염기 적정, 단진자 운동 같은 간단한 화학 및 물리 실험에 국한되어 있었다.

평가 방식

1. 이론 중심의 필기시험

- 예시 문제: "다음 중 DNA의 구조에 대한 설명으로 옳은 것은?"
a) DNA는 단일 나선 구조이다. b) DNA의 염기쌍은 A-T, G-C로 결합한다.
c) DNA의 당은 리보오스이다. d) DNA는 단백질 합성에 직접 관여한다.
정답: b

- 평가 방법: 객관식 문항을 통해 DNA 구조에 대한 이론적 지식을 평가한다. 학생들은 주어진 보기 중 정답을 선택해야 한다.

이러한 평가 빙식은 분광 분석의 원리와 과정을 이해하지 못한 채 단순히 그래프 패턴을 암기하는 데 그친다. 또한, 실험 설계나 오차 분석, 데이터의 신뢰성 평가와 같은 실제 과학 연구에서 중요한 능력을 측정하지 못하는 한계가 있다.

2. 가상 실험 결과 해석

- 예시 문제: "다음은 어떤 물질의 분광 분석 결과이다. 이 물질의 성분을 추정하시오."

- 평가 방법: 분광 분석 그래프 해석과 물질 성분 추론 능력을 평가한다. 학생들은 그래프의 피크 패턴을 분석하고, 이를 원소들의 특징적인 스펙트럼과 비교해야 한다.

이러한 평가 방식은 분광 분석의 원리와 과정을 이해하지 못한 채 단순히 그래프 패턴을 암기하는 데 그친다. 또한, 실험 설계나 오차 분석, 데이터의 신뢰성 평가와 같은 실제 과학 연구에서 중요한 능력을 측정하지 못하는 한계가 있다.

3. 실험 과정 암기

- 예시 문제: "광합성 실험의 과정을 순서대로 나열하시오."

- 평가 방법: 광합성 실험 과정에 대한 암기력과 순서 이해도를 평가한다.

이러한 평가 방식은 광합성의 원리나 실험의 목적을 깊이 이해하지 못한 채 단순히 과정만 암기하도록 유도한다. 또한, 과학적 원리의 이해 없이 기계적 암기에 그치며, 실험 설계나 결과 해석과 같은 실제적인 탐구 역량을 측정하지 못하는 한계를 지닌다.

4. 제한적인 실험 보고서

- 예시 문제: "증류수와 설탕물의 끓는점 차이를 알아보는 실험을 수행하고 보고서를 작성하시오."

- 평가 방법: 실험 보고서를 통해 과정 이해도, 데이터 기록, 결과 해석 능력을 평가하며, 정해진 형식과 교과서상 예상 결과와의 일치도를 확인한다.

이러한 평가 방식은 실제 관찰 결과와 상관없이 교과서의 예상 결과만을 기록하도록 유도하며, 실험의 오차나 예상치 못한 결과에 대한 분석 능력을 키우지 못한다. 또한, 창의적 사고력, 문제 해결 능력 등 실질적인 과학적 탐구 역량을 측정하지 못하는 한계를 지닌다.

아날로그 평가의 딜레마

1. 과학적 호기심 저하

학생 A는 화학에 관심이 있었지만, 항상 글과 그림으로 된 교과서로만 배우다 보니 점차 흥미를 잃어 간다.

2. 실험 설계 능력 부족

대학에 진학한 학생 B는 처음으로 자유롭게 실험을 설계해야 하는 상황에서 큰 어려움을 겪는다.

3. 오차의 중요성 인식 부족

학생 C는 실제 실험에서 예상과 다른 결과가 나오자, 이를 '실패'로 인식하고 교과서의 결과로 대체한다.

4. 데이터 분석 능력 부족

대학원에 진학한 학생 D는 대량의 실험 데이터를 받았을 때, 이를 어떻게 처리하고 해석해야 할지 몰라 당황한다.

5. 첨단 장비 사용의 어려움

연구소에 취직한 신입 연구원 E는 고가의 실험 장비를 처음 접하면서 기본적인 사용법도 익히는 데 많은 시간을 허비한다.

도움이 될 수 있는 디지털 리소스들

1. PhET Interactive Simulations: https://phet.colorado.edu
- 특징: 가상 실험실, 물리, 화학, 생물, 지구과학 분야의 시뮬레이션 제공
- 사용: 복잡한 과학 개념을 시각적으로 이해하고 가상으로 실험 수행
- 평가 활용: 실험 데이터 분석, 가설 검증, 실험 설계와 변인 통제 능력 평가

2. Khan Academy: https://ko.khanacademy.org
- 특징: 온라인 과학 교육 플랫폼, 무료로 제공되는 광범위한 과학 교육 콘텐츠
- 사용: 이론 학습과 함께 간단한 실습 과제 수행
- 평가 활용: 개념 이해도, 문제 해결 과정, 학습 진도와 취약점 분석

3. Zooniverse: https://www.zooniverse.org
- 특징: 시민 과학 프로젝트, 실제 과학 연구에 참여할 수 있는 플랫폼
- 사용: 데이터 분석, 패턴 인식 등 실제 과학 연구 과정 체험
- 평가 활용: 데이터 분석, 과학적 관찰력, 협업 참여도, 의사소통 평가

4. Thingiverse: https://www.thingiverse.com

- 특징: 3D 프린팅 및 오픈소스 하드웨어, 3D 프린팅 모델 공유 플랫폼

- 사용: 간단한 과학 실험 도구 제작 및 공유

- 평가 활용: 설계 창의성, 제작 과정, 도구 실용성, 개선점 도출 평가

디지털 리소스 활용 방안

1. 가상 실험 수행 및 분석

- 활동: PhET Interactive Simulations를 활용해 다양한 과학 실험을 가상으로 수행하고 결과 분석

- 평가 예시: "PhET의 '부력' 시뮬레이션을 사용해 벽돌과 나무토막 두 물체의 무게 변화에 따른 부력을 비교하고 휘발유, 오일, 물, 바닷물 등 용액별 부력 관계를 탐구하고 이에 대한 보고서를 작성하시오."

실습 하기

① 검색창에 'PhET Interactive Simulations' 또는 https://phet.colorado.edu/를 입력하면 PhET 홈페이지에 접속이 가능하다.

15억 건 이상의 시뮬레이션 제공

② PhET를 사용하기 위해서는 계정을 만들어 줄 필요가 있다.

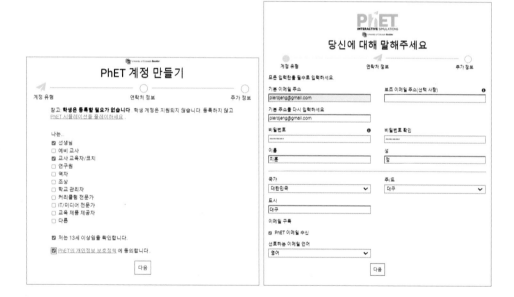

③ 계정 유형을 위와 같이 입력하고 개인정보 보호 정책에도 동의한 후 '다음'을 눌러 보자.

④ 개인정보를 입력하고 '다음'을 눌러 보자.

⑤ 학교 정보와 지도하는 과목 등에 대
해 비교적 자세하게 답을 한 후, 등
록을 완료하면 된다.

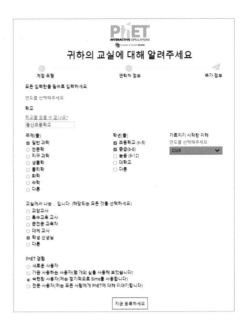

⑥ 등록이 완료되면 나
타나는 화면이다.

⑦ 등록이 완료되면 이
메일을 통해 최초
로그인할 수 있다.

⑧ 등록이 완료되었다면 시뮬레이션에서 원하는 영역의 시뮬레이션을 선택하면
된다. '물리학'을 선택해 보겠다.

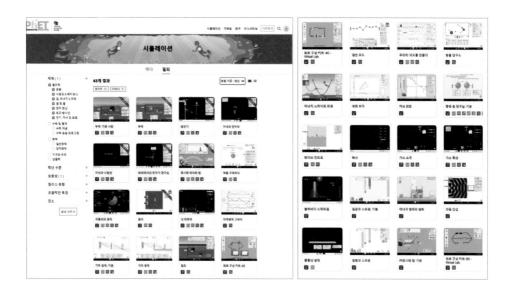

⑨ 다양한 주제와 내용에 대한 시뮬레이션이 있음을 알 수 있다. 책에서는 부력
에 관한 시뮬레이션을 해 보도록 살펴보도록 하자.

⑩ 시뮬레이션의 주제와 학습 목표 그리고 다양한 변수의 대한 조건 설명을 확인할 수 있다. 수업 중에 사용할 시, 학생들에게 강조하는 것을 잊지 말자. ▶ 재생 버튼을 누르면 시뮬레이션 조작이 가능하다.

⑪ '비교하기'와 '탐구하기'를 선택할 수 있다. '비교하기'를 선택해 보자.

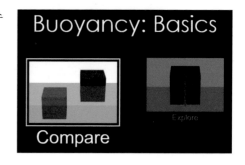

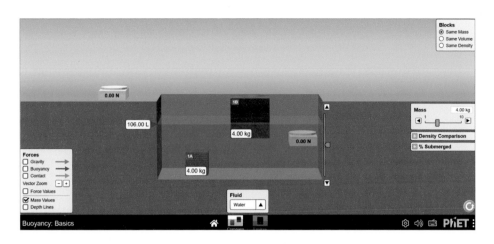

⑫ 벽돌 4kg과 나무 4kg에 대한 부력 시뮬레이션이다. 여기에서 두 물질의 무게 변경, 용액의 변경 등 다양하게 변화를 줄 수 있다.

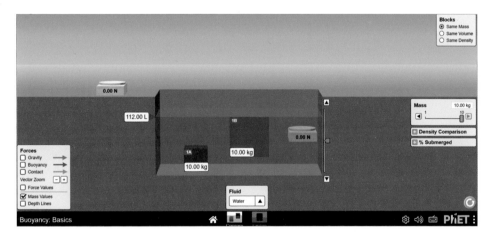

⑬ 물질의 무게를 10kg으로 변경했을 때의 결과이다.

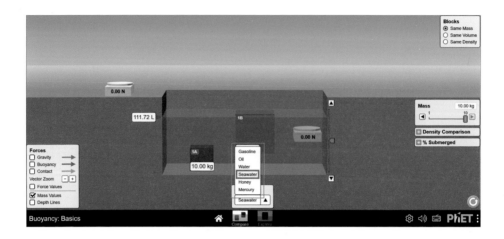

⑭ 용액을 바닷물로 변경했더니 나무가 떠오르는 것을 확인할 수 있다. 아래의 QR코드를 스캔해서 다양하게 조건들을 변화하여 시뮬레이션 실험을 하는 것을 확인해 보자.

QR check!

※ 사이트가 영어로 되어 있는 단점이 있지만 무료로 사용할 수 있는 최고의 시뮬레이션 실험 사이트로 추천한다.

3. 개념 이해도 향상

- 활동: Khan Academy의 강의와 퀴즈를 활용해 과학 개념을 자기 주도적으로 학습

- 평가 예시: "Khan Academy의 '세포 호흡' 단원에서 제공하는 모든 강의와 실습 문제를 완료한 후, 에너지 대사 과정의 단계별 핵심 반응을 시각화하고 ATP 생성량을 계산하여 세포 호흡의 전체 과정을 분석하는 과학 탐구 보고서를 작성하시오."

4. 실제 과학 연구 참여

- 활동: Zooniverse 플랫폼을 통해 실제 과학 연구 프로젝트 참여

- 평가 예시: "Zooniverse의 '백야월드: 플래닛 9' 프로젝트에서 태양계의 9번 행성을 찾기 위한 노력을 알아보고, 우주와 지구에 대한 연구의 중요성에 대한 학습 내용을 에세이로 작성하시오."

실습 하기

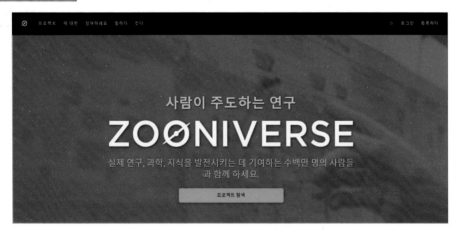

① 검색창에 'zooniverse'나 https://www.zooniverse.org/를 입력하면 홈페이지에 접속이 가능하다. 우측 상단에 있는 '등록'을 클릭해 보자.

② 정보를 입력하고 '등록'을 클릭해 보자. 이때 사용자 이름으로 로그인을 해야
   하니 신중하게 결정하는 것을 잊지 말도록 하자.

③ 새로운 홈페이지에 대한 안내가 나온다. 크게 신경 쓸 필요는 없는 내용이다.
   '좋습니다'를 클릭하자.

④ 프로젝트에 들어가 보면 현재 활동 중인 프로젝트와 일시 중지된 프로젝트 그리고 완성된 프로젝트를 확인할 수 있다. 그중 '백야드 월드: 플래닛 9' 프로젝트를 선택해 보자.

⑤ '백야드 월드: 플래닛 9'은 해왕성 너머에 있는 새로운 행성을 찾기 위한 프로젝트임을 알 수 있다. '더 알아보기'를 클릭해 보자.

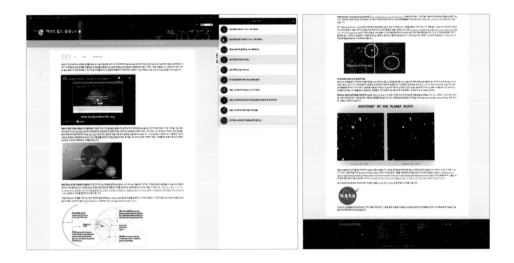

⑥ 더 알아보기를 통해 시민 과학자들로부터 어떤 새로운 과학적 프로젝트가 진행되고 있으면, 어떤 과정을 거쳐서 프로젝트가 진행되고 있는지 그 의미는 무엇인지에 대한 인사이트를 얻을 수 있다. 뒤로 가기를 눌러 '시작하기'를 클릭해 보자.

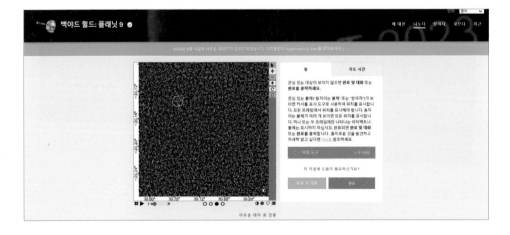

⑦ 시작하기를 클릭하면 위와 같은 화면이 나타난다. ▶ 재생 버튼을 눌러 영상을 재생하고 움직이는 물체와 쌍극자로 관찰되는 곳에 마킹 도구를 이용하여 표시해 보자. 관찰이 쉽지 않다면 지도 시간을 클릭해 보자.

⑧ '지도 시간'을 클릭하면 위와 같은 팝업창이 나타난다. 관찰하는 법, 표기하
는 법 등의 안내를 학습 후, 다시 관찰하고 표기를 할 수 있다.

06. 실과 교과 Tinkercad, AI 다이어트 카메라, beep

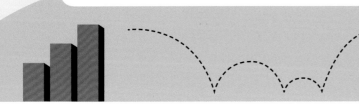

구체적 사례(1980~90년대 한국의 일반적인 초등학교 실과 수업 상황)

1980~90년대 한국의 일반적인 고등학교 기술·가정 실습실에는 40~50명의 학생들이 4~6명씩 조를 이루어 배치되었다. 실습실에는 기초적인 도구와 재료만 구비되어 있었고, 대부분의 기자재는 조별로 공유해 사용했다. 수업은 주로 교사의 시범을 학생들이 모방하는 방식으로 진행되었으며, 결과물 완성에 치중해 창의적 설계와 문제 해결 기회가 제한적이었다. 성별에 따라 다른 실습 내용이 제공되는 경우가 많았고, 학습 자료는 교과서와 실습 지시서가 중심이었다. 완성품 견본과 교사 시범 자료가 보조 교재로 활용되었지만, 창의적이고 실생활과 연계된 다양한 실습 자료는 매우 부족했다.

평가 방식

1. 실습 결과물 평가

- 예시 과제: "주어진 도안대로 손수건을 제작하시오."

- 평가 방법: 완성도, 정확성, 깔끔함을 기준으로 평가

이러한 평가 방식은 결과물의 외형적 완성도에만 치중하여 학생의 창의성과 문제 해결 과정을 반영하지 못한다. 또한, 개인의 기술력 향상 정도나 노력 과정을 고려하지 않고 절대적 기준으로만 평가하는 한계가 있다.

2. 이론 시험

- 예시 문제: "톱의 기본 구조와 종류별 톱니의 모양 및 사용법을 설명하시오."

- 평가 방법: 도구의 특성과 활용법에 대한 이해도 평가

이러한 평가 방식은 실제 도구 활용 능력과 연계되지 않은 단순 암기식 평가에 그치는 경우가 많다. 이론적 지식이 실제 상황에서의 적용 능력으로 이어지는지 확인하기 어려운 한계가 있다.

3. 실습 과정 평가

- 예시 항목: "조리 실습 시 재료 준비부터 뒷정리까지의 과정"

- 평가 방법: 체크리스트를 통한 과정 평가

이러한 평가 방식은 정해진 체크리스트에 따른 기계적 평가로 이어질 수 있다. 학생의 창의적 문제 해결이나 효율적인 과정 개선 능력을 평가하기 어려우며, 예상치 못한 상황에서의 대처 능력을 측정하기 힘들다는 한계가 있다.

4. 협동 작업 능력

- 예시 과제: "조별로 생활용품 디자인 및 제작하기"

- 평가 방법: 팀워크와 개인별 기여도 종합 평가

이러한 평가 방식은 겉으로 드러나는 참여도만 평가하기 쉽고, 실제 팀 내에서

의 문제 해결 기여도나 창의적 아이디어 제시 등 질적인 평가가 어렵다. 또한, 개인의 능력과 팀의 성과를 객관적으로 구분하여 평가하기 어려운 한계가 있다.

아날로그 평가의 딜레마

1. 창의성 발현의 제한

학생 A는 정해진 도안대로만 작업하여 창의적 시도가 없다. 문제 해결력과 응용력 개발이 어렵다.

2. 실용성 부족

학생 B는 실습 과정은 완벽하나 실생활 적용력이 부족하다. 현대 생활에 맞지 않는 구시대적 기술의 습득일 뿐이다.

3. 획일적 평가

학생 C는 개인의 특성과 창의성을 발휘하지 못하고 표준화된 결과물만 추구한다. 다양한 해결 방법 시도의 기회는 박탈되었다.

4. 성별 고정관념

학생 D는 성별에 따라 정해진 실습만 수행한다. 균형 잡힌 기술 습득 기회가 제한되어 버렸다.

도움이 될 수 있는 디지털 리소스들

1. Tinkercad: https://www.tinkercad.com

특징: 무료 온라인 3D 모델링 프로그램, 블록 기반 설계 도구, 실시간 협업 기능

사용: 3D 설계와 전자회로 설계 교육, 가상 시뮬레이션, 코딩 기초 학습

평가 활용: 3D 모델링 학습 평가, 가상 회로 제작 평가, 실제 제작물 평가

2. Entry: https://playentry.org

특징: 네이버 커넥트재단의 코딩 교육 플랫폼

사용: 블록 및 텍스트 코딩 학습, 게임 제작 실습

평가 활용: 피지컬 컴퓨팅 도구 연동 평가, 포트폴리오 관리

3. AI 다이어트 카메라: android app

특징: AI 기반 식품 인식, 칼로리 계산, 맞춤형 영양 분석과 식단 추천

사용: 식생활 교육, 식단 기록과 분석, 건강한 식습관 형성

평가 활용: 영양 교육 프로젝트, 식생활 일지 작성, 식단 분석 평가

4. beep: android app

특징: 바코드 스캔 유통기한 관리, 재고 관리, 알림 서비스

사용: 식품 유통기한과 재고 관리, 식품 낭비 방지

평가 활용: 식품 보관 관리법 학습, 식품 낭비 줄이기 과제, 식품 관리 실습

디지털 리소스 활용 방안

1. 창의적 기술 교육

- 활동: Tinkercad를 활용해 3D 모델링과 전자회로 설계, 창의적 제품 구상 및 시뮬레이션

- 평가 예시: "교실 불편함을 해결하는 도구를 Tinkercad로 3D 모델링하고, 전자회로 포함하여 설계 후 프레젠테이션을 진행하시오."

◆ 실습 하기

① 검색창에서 '틴커캐드'를 입력하거나 https://www.tinkercad.com/ 주소를 입력해 Tinkercad에 접속해 보자. 우측 상단에 있는 **등록**을 클릭해 회원 가입을 해 보자.

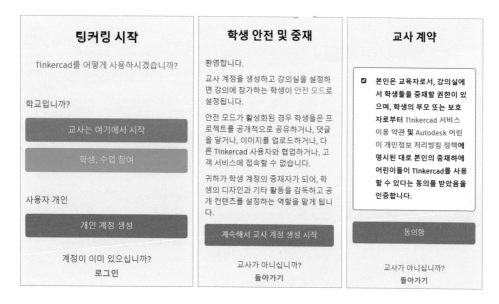

② **등록**을 클릭하면 나타나는 팝업창의 모습이다. 교사는 여기에서 시작 을 클릭해
　보자.

③ 계속해서 교사 계정 생성 시작 을 클릭해 보자.

④ 내용을 읽어 보고 체크를 한 후, 동의함 을 클릭해 보자.

⑤ Google 아이디를 활용해 손쉽게 가입이 가능
　함을 알 수 있다. G Google로 로그인 을 클릭해 보
　도록 하자.

⑥ 지역과 생년월일을 입력하면 회원 가입이 마무리된다. 다음을 클릭하자.

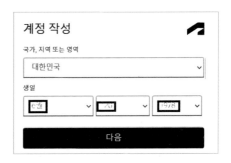

⑦ 로그인이 완료되면 나타나는 화면이다. 계속해서 영문으로 화면이 나타난다면 스크롤을 내려 언어를 변경해 주면 된다. 를 클릭해 첫 번째 3D 디자인을 만들어 보도록 하자.

⑧ 3D 디자인을 하기 위한 작업대의 모습이 위와 같이 나타난다. 좌측 상단에 있는 임의로 지정된 작업의 이름을 변경해 주자. 우측에 있는 █를 드래그 해서 작업 평면에 옮겨 보자.

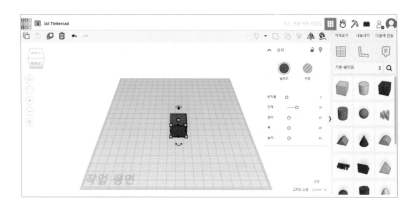

⑨ 이때 마우스의 휠을 밀거나 당기면 화면을 확대하거나 축소할 수 있다. 마우 스의 우측 버튼을 누른 채 화면을 움직이면 화면이 돌아가면서 상자를 볼 수 가 있다. 좌측 상단에 █를 누른 채 돌려도 화면이 돌아가는 것을 알 수 있 다. 원하는 면이나 꼭짓점을 클릭하면 원하는 방향에서 화 면을 볼 수 있다. 틴커캐드는 이런 식으로 화면을 입체적 으로 돌려 확인하면서 3D 디자인을 진행할 수 있다. 우측 의 QR코드를 스캔해서 기초적인 조작법을 확인해 보자.

QR check!

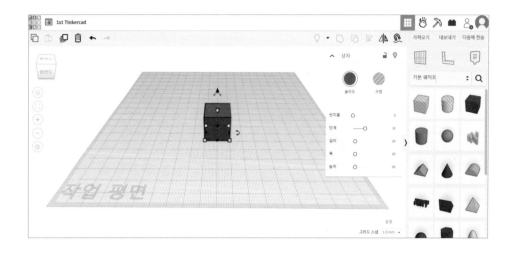

⑩ 상자를 클릭해 보면 위와 같은 점과 화살표들이 나타날 것이다. 점을 누른 채 마우스를 움직여 보면 가로, 세로, 높이 등의 크기를 변경할 수 있는 것을 알 수 있다. 크기를 변경할 때에는 숫자가 나타나는데, 원하는 크기의 소수점 둘째 자리까지 변경하는 것이 가능하다.

크기 변경 시에 Shift 키를 누른 채 변경하면 모양의 비율이 일정하게 유지된 채 크기 조절이 가능하다. Alt 키를 누른 채 변경하면 모양의 중심이 고정된 상태로 크기 조절이 가능하다. Shift 키와 Alt 키를 동시에 누르면 중심이 고정된 상태에서 비율을 일정하게 유지한 채 크기 조절이 가능하다. 지금 소개하는 기능은 Tinkercad 모델링에서 자주 사용하는 기능이니 잊지 않도록 하자. 아래의 QR코드를 스캔해서 크기를 조절하는 법을 확인해 보자.

QR check!

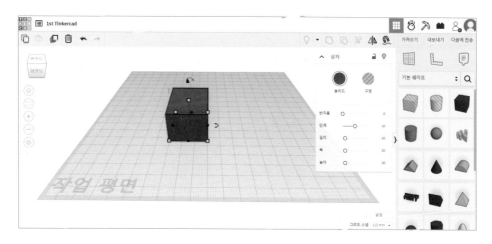

⑪ 마우스로 모양을 드래그해서 움직이면 이동이 가능한데 Shift를 누른 채 움직이면 수직 이동이 가능하다. 또한, 키보드의 방향키을 이용해 움직이는 것도 가능하다. 보통 모양을 움직이면 1mm 단위로 움직인다는 것은 알아두는 것이 좋다. 이것은 작업 평면이 1mm 단위로 설정되어 있기 때문이다.

우측 하단에 그리드 스냅 1.0 mm ▲ 을 클릭하여 단위를 조정하는 것도 가능하다. 모양을 위 또는 아래로 옮길 때에는 모양을 클릭했을 때 생기는 검은색 화살표를 선택한 상태에서 움직여 주면 된다. 위 또는 아래로 올리거나 내린 모양은 drop의 약자 d를 눌러서 작업 평면의 바닥에 붙여 줄 수 있다. 아래의 QR코드를 스캔해서 이동하는 법을 확인해 보자.

QR check!

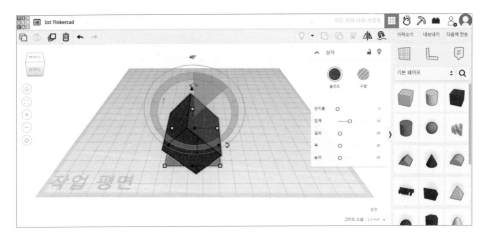

⑫ 이번에는 회전에 대해 알아보도록 하자. 회전은 모양을 선택했을 때 xyz축에 하나씩 곡선 화살표가 나타나게 되는데 이 화살표를 마우스로 드래그하여 움직이면 회전이 된다. 이때 눈금이 나타나는데 마우스 화살표를 눈금 밖으로 이동하여 움직이면 1도씩 모양이 회전하게 할 수 있다.

마우스 화살표를 눈금의 안쪽에 위치하여 움직이면 22.5도씩 회전하게 된다. Shift 키를 누른 상태에서 움직이면 45도씩 회전한다는 것도 알아 두자. 회전할 때 나타나는 숫자를 클릭하여 원하는 각도를 입력하면 원하는 각도만큼 회전하는 것도 가능하다. 아래의 QR코드를 스캔해서 각도를 조절하는 법을 확인해 보자.

QR check!

⑬ 좌측 상단의 메뉴바를 살펴보자. ←를 클릭하거나 Ctrl+z 키를 누르면 되
돌리기가 가능하고 →를 클릭하거나 Ctrl+y 키를 누르면 복구가 가능하다.
🗑를 클릭하거나 Delete 키를 누르면 삭제가 된다.

🗐는 Ctrl+c와 같은 기능을 하고 📋는 Ctrl+v 기능을 한다. 🗐는 복제 후,
반복하는 키로 Ctrl+d와 같은 기능이다. Alt를 누른 채, 모양을 이동하면 복
제가 가능한 것을 알 수 있다. 마지막으로 Alt+Shift를 누른 채 이동을 하면
수직 이동 복제가 가능하다는 점도 알아 두자. 아래의 QR코드를 스캔해서 메
뉴바에 있는 기능을 사용하는 모습을 확인해 보자.

QR check!

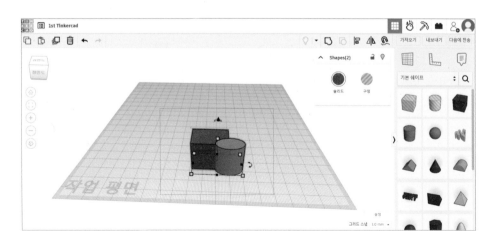

⑭ 화면 우측의 기본 셰이프 중 원기둥을 직육면체 옆으로 옮겨 보자. 원기둥을
위치시켰다면 마우스의 왼쪽 버튼을 누른 채, 화면과 같이 직육면체와 원기

둥을 마우스로 동시에 선택해 보자. 우측 상단의 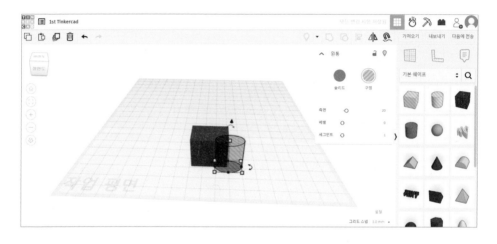이 활성화되는 것을 볼 수 있을 것이다. 이것을 틴커캐드에서 '더하기'라고 한다. 클릭해 보면 두 개의 셰이프가 그룹화되는 것을 알 수 있다. 를 클릭하면 그룹화가 해제된다. 그룹화가 되면 두 개의 셰이프의 색상이 한 가지 색상으로 통일되는 것을 볼 수 있다. 각각의 색상을 다르게 하고 싶다면 솔리드를 클릭해 여러색을 클릭해 주면 된다.

⑮ 틴커캐드에서 '빼기'를 하는 방법을 알아보자. 원기둥을 육면체에 동일하게 옮긴 다음, 을 클릭해 보자. 위 화면과 같이 빼기가 되는 것을 알 수 있을 것이다. 그런 다음 를 눌러 그룹화를 해 보자. 이와 같은 모양으로 빼기가 된다. 되돌리고 싶다면 를 클릭해 그룹화를 해제해 주면 된다. 아래의 QR코드를 스캔해서 더하기와 빼기 기능을 사용하는 모습을 확인해 보자.

QR check!

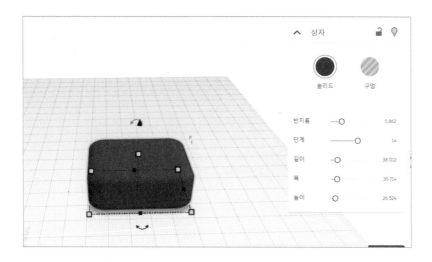

⑯ 다음은 셰이프 창을 활용하는 법을 알아보자. '반지름'의 바를 좌우로 움직이면 모서리를 깎을 수 있다. '단계'를 조절하면 모양을 면을 세분화^{깎기}가 가능하다 '길이', '폭', '높이'도 조절이 가능하다. 아래의 QR코드를 스캔해서 셰이프창 활용 기능을 사용하는 모습을 확인해 보자.

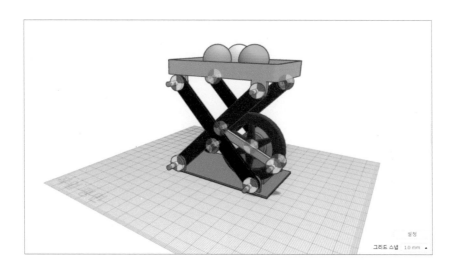

⑰ 이상의 기능들을 활용하여 생활에 필요한 물건을 만드는 아이디어를 온라인 상에서 구현하고 내보내기를 통해 선생님께 제출하기를 한다면 학생의 아이디어와 메이커로서의 능력을 평가하고 산출물을 공유하는 것이 가능하다.

2. 코딩 융합 교육

- 활동: Entry를 활용해 블록 코딩부터 피지컬 컴퓨팅까지 단계적으로 학습하고, 실생활 문제 해결을 위한 프로그래밍 프로젝트 수행

- 평가 예시: "학교 급식실 이용 시 발생하는 혼잡을 해결하기 위한 프로그램을 Entry로 설계하고, 마이크로비트를 활용해 대기 인원 자동 카운팅 시스템을 구현한 후 시연 및 발표."

3. 식생활 안전 교육

- 활동: AI 다이어트 카메라와 내 손안 앱을 활용해 식품 영양 정보 분석 및 안전성 확인, 건강한 식생활 계획 수립

- 평가 예시: "일주일간 학교 급식 메뉴의 영양 성분을 AI 다이어트 카메라로 분석하고, 내 손안 앱으로 식재료의 안전성을 확인한 후, 영양 균형과 안전성 측면에서 개선안을 제시하는 보고서 작성."

📌 **실습 하기**

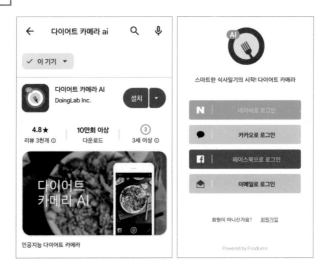

① 구글 Play에서 '다이어트 카메라 AI'를 설치해 보자.

② '네이버', '카카오톡', '페이스북' 등을 활용하여 로그인할 수 있는 것을 알 수
　있다. 로그인을 해 보자.

③ 로그인이 완료되면 튜토리얼이 시작된다. ⬚를 탭하여 기록을 시작할 수 있다.

④ 사진을 찍을 때에는 음식이 전부 나오게 찍어야 함을 잊지 말자.

⑤ 음식을 분석한 후에는 먹은 양을 정확하게 입력해 주도록 하자. 음식의 양까
　지 정확하게 입력되었다면 입력 완료를 탭 해 보자.

⑥ 점심 식사를 '다이어트 카메라 AI' 앱이 점심 식사를 분석한 결과이다.

⑦ 아침 식사에 이어서 식사에 대한 정보가 누적됨을 알 수 있다. 📊를 클릭하면 일정 기간에 대한 식사 습관과 과하게 섭취하는 영양소와 부족한 영양소, 식사 타임라인 그리고 자주 먹는 음식에 대한 정보를 알 수 있고, 이를 분석하여 건강한 식습관에 대한 평가가 가능하다.

4. 식품 관리 교육

- 활동: beep 앱을 활용해 가정이나 학교의 식품 유통기한 관리, 효율적인 구매 계획 수립, 식품 낭비를 줄이는 관리 시스템 구축 실습

- 평가 예시: "한 달간 beep 앱으로 가정의 냉장고 식품을 관리하며, 유통기한 임박 식품의 활용 계획을 세우고, 낭비율 감소 과정을 기록한 후 효율적인 식품 관리 방안을 제안하는 포트폴리오를 제작하시오."

실습 하기

① 구글 Play에서 유통기한 관리 앱 'Beef'를 설치해 보자. 바코드만 스캔하면 품목별로 유통기한을 손쉽게 관리할 수 있는 앱이다. Beef는 가족이나 친구를 초대하여 함께 식품을 관리할 수 있어 가정의 식생활 관리에 매우 유용하다. 또한, 등록된 식품의 유통기한이 임박하면 푸시 알림을 보내 주어 편리하다.

② Beef 앱은 페이스북, 구글, 카카오톡 계정을 통해 손쉽게 로그인이 가능하다.

③ Beef 앱을 활용해 식품의 바코드를 촬영하고 있는 모습이다. [바코드 없는 제품 등록]을 탭 하면 바코드가 없는 식품도 등록할 수 있다.

④ 바코드 등록으로 식품이 인식되면 제품에 별도로 표기된 유통기한을 입력해 주면 된다.

⑤ 앱에 식품의 등록이 완료된 모습이다. 보성녹차는 2025년 9월 9일까지 304
일의 유통기한이 남아 있다는 것을 알 수 있다. Beef 앱을 활용하면 식품의
유통기한에 대한 관심이 높아지고 식품을 관리하고 안전한 식생활 교육에 대
한 인식을 높일 수 있다. 앱을 가족들과 함께 사용하면서 식품을 관리하고 그
과정을 기록하고 안전한 먹거리에 대한 인식의 변화에 대한 보고서를 작성하
여 제출하는 방식을 평가가 가능하다.

5. 코딩 사고력 학습 관리

- 활동: Algorun 앱을 활용해 게임 형식의 일일 코딩 챌린지 참여 및 단계별
알고리즘 문제 해결, 협력적 학습을 통해 프로그래밍 기초 개념 습득

- 평가 예시: "2주간 Algorun 일일 챌린지를 수행하면서 해결한 알고리즘 문
제의 풀이 과정을 기록하고, 가장 어려웠던 문제의 해결 방법을 공유하는 발
표회 진행."

07. 지리 교과

07. 지리 교과 Google Earth, OpenStreetMap, Earth Observatory_NASA

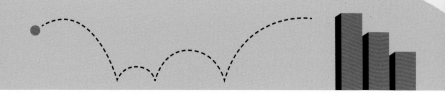

구체적 사례(1980~90년대까지 한국의 일반적인 중학교 수업)

1980~90년대 한국의 일반적인 고등학교 지리 교실에는 40~50명의 학생들이 앉아 있었고, 벽면에는 대한민국과 세계 지도가 걸려 있었다. 학생들은 각자 개인용 지도책을 가지고 있었다. 수업은 주로 교사가 교과서와 칠판을 이용해 설명하는 방식으로 진행되었으며, 시청각 자료와 야외 학습은 매우 제한적이었다. 학습 자료는 교과서와 지도책, 입시 참고서가 중심이었고, 대부분 흑백의 평면적 자료만 제시되었다. 실제 지형 모형이나 교구 활용은 거의 없었으며, 지리적 현상과 실생활을 연계할 수 있는 자료도 크게 부족했다.

평가 방식

1. 지명 암기 테스트

- 예시 문제: "다음 지도에서 표시된 도시의 이름을 쓰시오."

- 평가 방법: 백지도에 20~30개의 주요 도시, 산, 강의 위치를 표시하고 이름을 쓰게 한다.

이러한 평가 방식은 학생들이 지리적 위치의 의미나 지역 간의 연관성을 이해하지 못한 채 단순히 지명만 암기하도록 유도할 수 있다. 또한, 지리학의 본질적인 이해보다는 단기 기억력만을 테스트하게 된다.

2. 지도 기호 해석

- 예시 문제: "다음 지도 기호가 의미하는 바를 쓰시오."

- 평가 방법: 10~15개의 지도 기호를 제시하고 그 의미를 쓰게 한다.

이러한 평가 방식은 학생들이 지도 기호의 실제적 의미와 활용을 이해하지 못한 채 단순히 기호와 의미를 일대일로 암기하도록 유도할 수 있다. 복잡한 지도를 종합적으로 읽고 해석하는 능력을 측정하는 데 한계가 있다.

3. 축척 계산

- 예시 문제: "지도상 거리가 5cm일 때, 실제 거리는 몇 km인가? (축척 1:100,000)"

- 평가 방법: 2~3개의 축척 계산 문제를 출제하여 풀이 과정과 답을 쓰게 한다.

이러한 평가 방식은 학생들이 축척의 본질적 의미를 깊이 있게 이해하지 못한 채 기계적 수학 계산에 치중하도록 유도하며, 실생활 축척 활용 능력을 제대로 측정하는 데 한계가 있다.

4. 지형 특징 설명

- 예시 문제: "카르스트 지형의 특징을 설명하시오."

- 평가 방법: 5~6개의 주요 지형에 대해 형성 과정과 특징을 서술하게 한다.

이러한 평가 방식은 학생들이 지형의 형성 과정과 그 영향을 깊이 있게 이해하지 못한 채 단순히 특징만을 나열하도록 유도할 수 있다. 실제 지형을 분석하고 해석하는 능력을 측정하는 데 한계가 있다.

5. 경도와 위도 계산

- 예시 문제: "서울과 뉴욕의 경도차가 105도일 때, 시차는 몇 시간인가?"

- 평가 방법: 2~3개의 시차 계산 문제를 출제하여 풀이 과정과 답을 쓰게 한다.

이러한 평가 방식은 학생들이 경도와 시차의 복합적 관계를 간과한 채 기계적 공식 적용에만 치중하도록 유도하며, 실제 상황에서의 시차 활용 능력을 제대로 평가하지 못한다.

아날로그 평가의 딜레마

1. 실제 공간 인식 능력 부족

학생 A는 지도에서 서울에서 부산까지의 거리를 잘 계산하지만, 실제로 얼마나 먼 거리인지 체감하지 못한다.

2. 방향 감각 부족

학생 B는 나침반 기호를 완벽히 암기했지만, 실제 야외에서 방향을 찾는 데 어려움을 겪는다.

3. 지형 이해의 한계

학생 C는 '삼각주'의 정의를 줄줄 외우지만, 실제 삼각주 지형을 보았을 때 인식하지 못한다.

4. 지도 활용 능력 부족

수학여행 중 학생 D는 관광지 안내도를 보고도 현재 위치와 목적지를 파악하는 데 어려움을 겪는다.

5. 지리 정보 해석 능력 한계

학생 E는 등고선의 개념은 알지만, 등고선을 보고 실제 지형의 경사도를 상상하지 못한다.

도움이 될 수 있는 디지털 리소스들

1. Google Earth: https://www.google.com/earth
특징: 3D 지구본, 위성 이미지, 스트리트 뷰, 지리 정보 레이어 제공
사용: 지형 탐색, 가상 여행, 거리 측정, 환경 변화 관찰
평가 활용: 지형 특징 분석, 도시 발달 과정, 기후 변화 영향 조사

2. OpenStreetMap: https://www.openstreetmap.org
특징: 참여형 세계 지도, 자유로운 데이터 활용, 다양한 지도 스타일
사용: 지역 정보 탐색, 지도 편집, GPS 데이터 활용, GIS 분석
평가 활용: 지역 조사 지도화, 공간 데이터 분석, 협력적 지도 제작

3. Earth Observatory_NASA: https://earthobservatory.nasa.gov
특징: 지구 관측 위성 이미지와 데이터, 실시간 영상, 전문가 해설 제공
사용: 기후 변화와 자연재해 학습, 환경 변화 관찰, 과학적 데이터 활용
평가 활용: 위성 이미지 분석, 환경 변화 리포트, 환경 문제 연구 평가

디지털 리소스 활용 방안

1. 실제적 경험 제공

- 활동: Google Earth나 Street View를 통해 실제 지형과 경관을 탐험하기

- 평가 예시: "구글 어스를 사용하여 알프스산맥의 빙하 지형을 찾고 특징을 설명하시오."

실습 하기

① 검색창에서 '구글 어스'를 입력하거나 https://www.google.com/earth/ 주소를 활용해 구글 어스에 접속해 보자. 접속이 완료되면 어스 실행 을 클릭하여 보자.

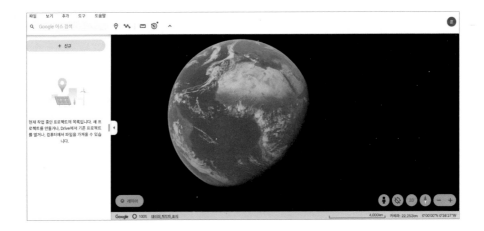

② 구글 어스가 실행된 모습이다. + 신규 를 클릭해 새로운 프로젝트를 시작해 보자.

③ 만들기를 클릭해 보자. 기존의 파일이 있다면 Drive에서 열기 를 클릭하여 활용하
   거나 학생들을 초대해서 협업하는 것도 가능함을 알아 두자. 🖉 를 클릭해 프
   로젝트의 이름과 설명을 변경할 수 있다. 클릭해 보자.

④ 원하는 대로 수정이 되었다면 저장 을 클릭해 보자.

⑤ 프로젝트명이 변경되고 'Google Drive에
   저장됨'을 알 수 있다.

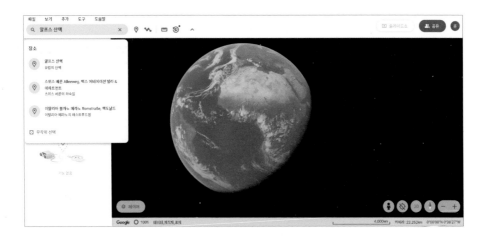

⑥ 좌측 상단에 있는 검색창에 탐험하고자 하는 지역을 입력해 보자.

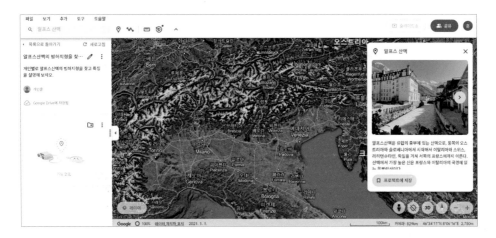

⑦ '알프스산맥'으로 화면이 이동하고 알프스산맥에 대한 정보가 나타나는 것을
알 수 있다. 우측에 있는 ⟩ 를 클릭하면 여러 가지 알프스산맥의 지역의 모
습을 사진으로 확인할 수 있다. 검색창에 '알프스산맥 빙하'를 검색해 보자.

⑧ 검색의 결과로 나타난 '알레치빙하'의 모습이다. ◉를 클릭하면 원하는 지역을 위와 같이 기록할 수 있다. ◈를 활용하면 경로나 해당 지역을 다각형을 그릴 수 있다. ▥를 활용해 지점 간의 거리도 측정 가능하다. 새롭게 추가된 ◉를 활용하면 해당 지역이 과거로부터 어떻게 변화해 왔는지에 대한 변화의 과정도 알 수 있다. ◉를 클릭해 보자.

⑨ 위 그림은 해당 지역의 1985년 12월 31일의 모습이다.

◉ ◉ 타임랩스 ▶ 1992 0.5배 1배 2배 아이콘을 활용하면 해당 지역의 변화 과정을 타임랩스를 통해 1년 단위로 살펴볼 수도 있다. 화면 하단의 3D 을 클릭해 보자.

⑩ 해당 지역을 3D 화면으로 나타낸 모습이다. 이러한 과정을 통해서 학생들은 '알프스산맥의 빙하 지형'을 눈으로 직접 보고 특징도 파악할 수 있다.

2. 게임형 위치 학습

- 활동: Seterra를 활용하여 국가, 수도, 주요 지형의 위치를 게임처럼 학습하기

- 평가 예시: "Seterra에서 아시아 국가와 수도 퀴즈를 실시하고, 학습 진도를 기록하시오."

3. 대화형 학습

- 활동: OpenStreetMap을 통해 학생들이 직접 지역 정보를 조사하고 지도에 반영하여 수정

- 평가 예시: "우리 동네의 새로운 시설이나 변화된 정보를 조사하여 OpenStreet Map에 업데이트하시오."

실습 하기

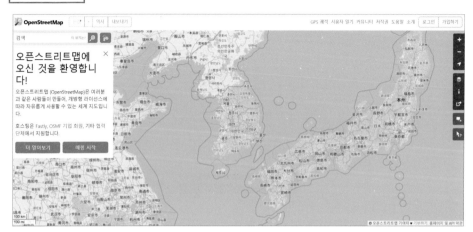

① 검색창에서 'Openstreetmap'을 입력하거나 https://www.openstreetmap.org/주소를
활용해서 Openstreetmap에 접속해 보자. 우측 상단에 있는 '가입하기'를
클릭해 보자.

② 이메일과 이름 그리고 비밀번호만으
로 가입이 가능한 것을 알 수 있다.
물론 Google을 통한 가입도 가능하
다. 회원 가입을 해 보자.

③ 이메일을 통한 2차 확인
절차가 있다. 이메일로 인
증해 보도록 하자.

④ 인증 절차를 마치면 화면과 같은 내용의 팝업을 볼 수 있다. '연습하기'를 클릭해 보도록 하자.

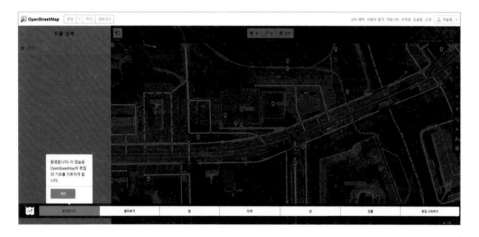

⑤ 환영 인사와 함께 튜토리얼이 진행된다.

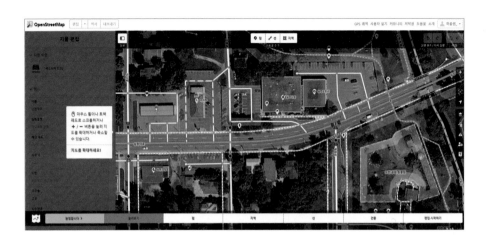

⑥ '둘러보기'를 클릭하면 '화면을 드래그해서 이동하기', '마우스 스크롤로 크기 조정하기'에 대한 설명을 해 준다. 점, 지역, 선, 건물 등을 설명에 맞추어 차례로 클릭하면 활용 방법을 쉽게 배울 수 있다.

Openstreetmap을 활용하면 지도와 우리 생활의 밀접함을 느낄 수 있고 지리적 요소 분석 훈련, 문화 경관 해석하고 이를 활용하는 능력을 키울 수 있다. Openstreetmap을 활용해 학교 주변의 도로 지도를 수정해 보았다. 아래의 QR코드를 통하여 실제 위치와 맞지 않는 도로의 지도를 수정하는 모습을 확인해 보도록 하자.

QR check!

4. 환경 변화 관찰

- 활동: NASA Earth Observatory를 활용하여 지구 환경 변화를 관찰하고 분석한다.

- 평가 예시: "특정 지역의 10년간 위성 이미지를 비교 분석하여 환경 변화 리포트를 작성하시오."

📌 **실습 하기**

① 검색창에서 earth observatory를 입력하거나 https://earthobservatory.nasa.gov/ 주소를 활용해 Earth Observatory에 접속해 보도록 하자. 별다른 회원 가입 없이 활용할 수 있는 사이트임을 알 수 있다. 우측 상단에 주제 ☰ 를 클릭해 보자.

② 9가지 영역의 주제를 나누어 관측하는 것이 가능하다는 것을 알 수 있다. 이 중 〰〰 **열** 을 클릭해 보자.

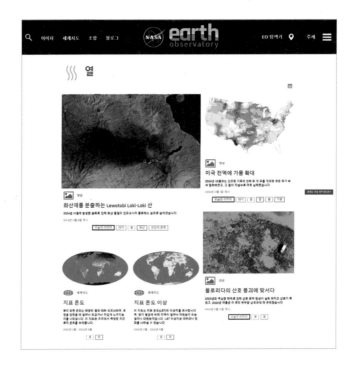

③ 인공위성을 활용한 지구의 열과 관련한 원격 감시 자료가 다양하게 제공되는 것을 알 수 있다. 이 중 지표 온도 이상을 클릭해 보자.

④ 지표의 온도 이상에 관한 영상과 이에 대한 설명이 제공된다. 영상은 2000년 2월부터 2024년 9월까지 지표의 온도 이상을 지도에 색깔로 표기한 내용이다. 영상을 플레이하면 지표의 온도 이상을 가시적으로 살펴볼 수 있다. 아래의 QR코드를 활용해 지표 온도 이상을 살펴보자. EarthObservatory를 활용하면 기후 변화 학습, 자연재해 영향 분석에 대한 내용을 수업에 활용하고 평가하는 것이 가능하다.

QR check!

08. 음악 교과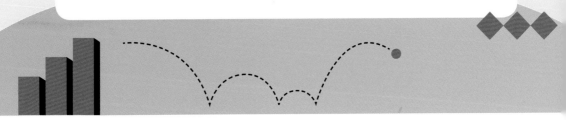
Makemusic, Google Doodle Bach, Maestro, 크롬 뮤직 랩

구체적 사례(1980년대 이전 한국의 일반적 중·고등학교 음악 수업)

1980~90년대 한국의 일반적인 고등학교 음악 교실은 피아노 1대와 칠판이 전부였으며, 30~40명의 학생들이 한 교실에서 수업을 받았다. 음향 장비는 저품질 카세트테이프와 플레이어가 유일했다. 수업은 주로 교사가 피아노나 풍금으로 곡을 연주하면 학생들이 따라 부르는 방식이었고, 음악 감상은 제한된 클래식 음반으로만 이루어졌다. 학생들의 악기 연주는 리코더나 단소 같은 간단한 악기에 국한되었다. 학습 자료는 교과서와 악보가 중심이었고, 소수의 카세트테이프가 보조 자료로 활용되었다. 서양 클래식 음악 위주의 감상 자료로 인해 다양한 장르의 음악을 접할 기회가 부족했으며, 음악 이론과 실기를 통합적으로 학습할 수 있는 시청각 자료도 매우 제한적이었다.

평가 방식

1. 음악 이론 시험

- 예시 문제: "다장조의 구성음을 순서대로 쓰시오."

- 평가 방법: 20~30문항의 객관식 및 단답형 문제로 구성된 필기시험

　이러한 평가 방법은 학생들의 암기력에만 의존하게 되어 음악 이론의 실제 이해도를 측정하기 어렵다. 또한, 객관식 문제는 학생들이 단순히 정답 맞추기에 집중하게 하여 창의적 사고를 저해할 수 있다.

2. 선율 받아쓰기

- 예시 문제: "교사가 피아노로 들려주는 4마디 선율을 듣고 올바른 음높이와 리듬으로 악보에 받아쓰시오."

- 평가 방법: 음높이와 리듬의 정확성으로 점수 부여

　이러한 평가 방법은 학생들의 청각적 능력 차이로 인해 공정성이 떨어질 수 있다. 또한, 반복 연주 시 학생들이 외워서 적는 경우가 발생할 수 있어 실제 능력을 정확히 평가하기 어렵다.

3. 시창

- 예시 문제: "제시된 8마디의 다장조 악보를 보고 정확한 음정과 리듬으로 노래하시오."

- 평가 방법: 음정의 정확성과 리듬 정확도로 평가

　이러한 평가 방법은 학생들의 긴장감과 불안감으로 인해 실제 실력을 발휘하지 못할 가능성이 있다. 또한, 악보를 처음 보는 능력보다는 암기력에 의존하게 되어

평가의 공정성이 떨어질 수 있다.

4. 악기 연주 테스트

- 예시 문제: "리코더로 '할아버지의 낡은 시계'를 정확한 운지법과 호흡으로 연주하시오."

- 평가 방법: 음정, 리듬, 박자의 정확성 위주로 평가

이러한 평가 방법은 학생들의 연습 환경과 기회에 따라 실력 차이가 크게 날 수 있다. 또한, 평가 기준이 음정과 리듬의 정확성에만 집중되어 있어 학생들의 음악적 표현력이나 창의성을 충분히 반영하지 못할 수 있다.

아날로그 평가의 딜레마

1. 실제 음악 경험의 부족

학생 A는 모차르트 교향곡의 악보는 읽을 수 있지만, 실제 오케스트라 연주를 들어본 적이 없어 음색과 악기 조합의 아름다움을 경험하지 못했다.

2. 표현력 발달 제한

학생 B는 피아노 연주 시 모든 음표를 정확히 연주하지만, 다이내믹과 프레이징을 통한 음악적 표현에 어려움을 겪는다.

3. 창의적 음악 활동의 부재

학생 C는 주어진 악보를 정확히 연주할 수 있지만, 간단한 멜로디를 즉흥적으로 만들거나 변주하는 능력이 부족하다.

4. 앙상블 능력 부족

학생 D는 개인 연주는 잘하지만, 다른 악기와 함께 연주할 때 박자를 맞추거나 조화를 이루는 데 어려움을 겪는다.

5. 음악 감상 능력의 한계

학생 E는 음악사 지식은 풍부하지만, 실제 음악을 들을 때 작품의 구조나 특징을 분석적으로 듣는 능력이 부족하다.

도움이 될 수 있는 디지털 리소스들

1. Makemusic: https://www.makemusic.com

특징: 인터랙티브 음악 교육 플랫폼, 전문 오케스트라 반주 음원과 실시간 음정/박자 분석 시스템 제공

사용: 실시간 피드백 기반 연주 실력 향상, 다양한 반주와 연습, 악보 제작, 온라인 앙상블

평가 활용: 음정과 리듬의 정확도 자동 평가, 연주 발전 과정 데이터화, 맞춤형 피드백 제공

2. Google Doodle Bach: https://www.google.com/doodles/celebrating-johann-sebastian-bach

특징: AI 화성 작곡 도구, 쉬운 인터페이스로 바흐 스타일 화성 자동 생성

사용: 단선율 입력으로 4성부 화성 생성, 화성악 학습과 작곡 기초 학습

평가 활용: 화성 이해도 측정, 선율 창작과 대위법 원리 습득 평가

3. Maestro: android, ios app

특징: AI 기반 개인 맞춤형 클래식 음악 교육/감상, 고품질 음원 및 전문가 해설, 시대별·작곡가별 분류, 악기별 음색 학습

사용: 클래식 음악 감상과 심층 분석, 전문 해설 학습, 음악사 탐구

평가 활용: 음악 이해도 측정, 작품 분석과 시대별 특징 구분 능력 평가

4. 크롬 뮤직 랩: https://musiclab.chromeexperiments.com

특징: Google의 웹 기반 음악 학습 도구로, 시각화와 실시간 상호작용 제공

사용: 리듬, 화성, 멜로디 학습과 음악 이론의 시각적 이해, 작곡 활동

평가 활용: 음악 기본 요소 이해도와 이론 적용 능력, 통합적 음악 이해력 평가

디지털 리소스 활용 방안

1. 실시간 연주 피드백

- 활동: Makemusic을 사용해 반주와 함께 실시간 연습 및 녹음

- 평가 예시: "Makemusic의 오케스트라 반주와 함께 '고요한 밤'을 리코더로 연주하고, 실시간 분석 기능을 통해 음정과 리듬의 정확도를 측정하여 3회 이상 80% 달성 기록을 포트폴리오로 제출하기."

① 검색창에서 Makemusic을 검색하거나 https://www.makemusic.com/ 주소를 입력해 서 홈페이지에 접속해 보자. 그리고 우측 상단에 있는 가입하기를 클릭해 보자.

② 구글 아이디를 활용하면 쉽게 회원 가입을 할 수 있다.

③ 추가적인 정보를 입력하
고 30일 무료 체험판을
시작해 보자.

④ 계정이 생성되면 나타나는 화면이다. '카탈로그 탐색'을 클릭해 보자.

⑤ 다양한 카탈로그가 검색된다. 이 중에서 고전을 선택해 활용하는 모습을 살펴보자.

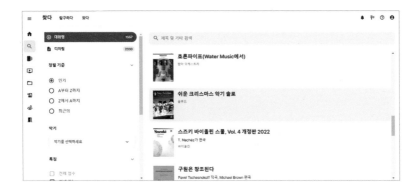

⑥ 이 중 '쉬운 크리스마스 악기 솔로'를 클릭해 보자.

⑦ 제시되는 곡 중, '고요한 밤'을 선택해 보았다.

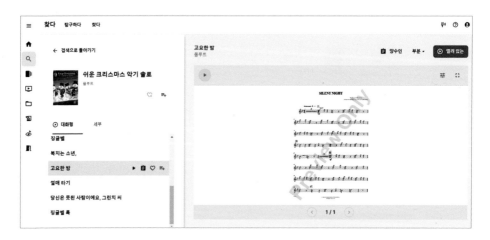

⑧ '고요한 밤'의 악보가 제시되었다. ∷ 을 클릭해 전체 화면으로 전환해 보자.

⑨ 재생 아이콘을 클릭하면 반주와 박자 막대가 반주에 맞추어 움직이는 것을
볼 수 있다. 반주와 악보에 맞추어 악기를 연습해 보자. 연습 중간에 다시 연
습하려고 하는 부분은 마우스를 활용하면 몇 번이고 반복해서 연습할 수 있
다. 연습이 완료되었다면 녹음하기로 이동해 보자. 전체 화면 아이콘을 한 번
더 클릭해 주면 된다. 아래의 QR코드를 활용해 학생이 '고요한 밤'을 플루트
로 연습하는 모습을 확인해 보자.

QR check!

⑩ 우측 상단에 있는 파란색 ▶열려 있는 아이콘을 클릭해 보자.

⑪ 중앙의 녹음 아이콘이나 녹화 아이콘을 클릭해 연습한 실력을 기록으로 남겨
보자.

⑫ 타악기를 사용한다면 '마이크를 통한 타악기 연주'를 클릭하고 타악기를 사용하는 경우가 아니라면 '마이크를 통한 멜로디'를 클릭해 마이크 필터를 선택하는 화면이다. 이 경우에는 '마이크를 활용한 타악기 연주'를 클릭해 보자.

⑬ 장치가 연결되면 녹음하기 화면이 나타난다. 🎤 아이콘을 클릭하면 반주와 연주 소리만 녹음이 되고 ● 아이콘을 클릭하면 화면의 악보와 함께 반주와 연주 소리가 함께 녹화된다. ▶ 아이콘을 클릭하면 연습하기도 가능하다. 아래의 QR코드를 활용해 평가용으로 녹화된 '고요한 밤'의 연주 연상을 확인해 보자.

QR check!

2. AI 기반 화성 학습

- 활동: Google Doodle Bach를 활용해 단선율에 대한 4성부 화성을 학습하기

- 평가 예시: "자신이 창작한 4마디 단선율을 Google Doodle Bach에 입력하고, AI가 생성한 4성부 화성의 진행을 분석하여 사용된 화음의 종류와 기능을 설명하는 보고서를 작성하고 발표."

🚩 실습 하기

① 구글에서 '구글 두들 바흐'를 입력해 보자. 주소로 찾아가는 것은 주소가 복잡하고 어려워 추천하지 않는다.

② 이런 화면이 나타나면 입장에 성공한 것이다. 중앙에 있는 ▶ 아이콘을 클릭해 보자.

③ 이런 화면이 나타나면 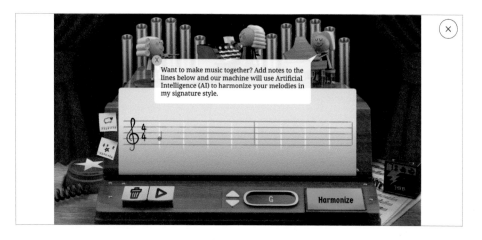 아이콘을 한 번 더 눌러 주자. 그러면 인트로와 사용법에 관한 영상이 나타난다.

④ 안내에 따라 악보에 음표를 표기해 보자.

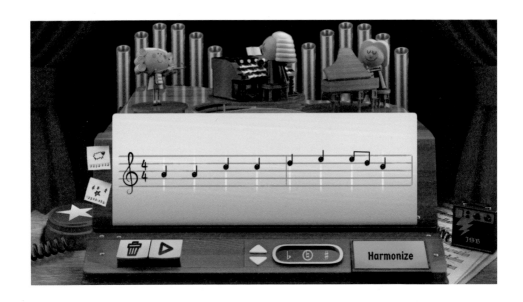

⑤ 원하는 멜로디를 입력해 보자. 입력이 완료되면  아이콘을 눌러 재생할 수 있다. 개별적인 수정은 마우스를 활용하면 되고 전체를 삭제하고 싶다면 🗑 아이콘을 활용하면 된다. 임시표를 활용하고 싶다면 ♭ ♮ ♯ 아이콘들을 활용하면 가능하다. ⬍ 아이콘을 활용하면 음높이를 조절할 수도 있다. **Harmonize** 아이콘을 눌러 화음으로 완성된 음악을 들어 보자.

⑥ 비흐식으로 인공지능이 화음을 완성한 모습이다.  아이콘을 클릭하면 학생 및 선생님과 공유도 가능하다. Padlet이나 SNS를 활용하여 제출하고 공유도 해 보자. 아래의 QR코드를 활용하면 조작하는 장면을 확인할 수 있다.

QR check!

3. 모바일 작곡 활동

- 활동: 마에스트로 앱을 활용해 작곡

- 평가 예시: "아침을 주제로 8마디 멜로디를 마에스트로 앱에서 작곡하고, 음악적 요소(조성, 리듬, 악기)에 대한 창작 의도를 설명하는 보고서와 함께 완성된 작품의 악보와 음원 파일 제출하기."

🚩 실습 하기

① 구글 플레이에서 '마에스트로' 앱을 설치해 보자. 애플의 'Appstore'에서도 활용 가능하다.

② 설치가 완료되면 나타나는 화면이다. '마에스트로'는 가로 모드만 허용한다
는 점을 알고 있도록 하자. 'UNTITLED'로 되어 있는 제목을 탭 해 보자.

③ 팝업창이 뜨면 파일 이름을 그대로
둔 채, 제목과 박자 등을 입력하고
완료를 탭 해 보자.

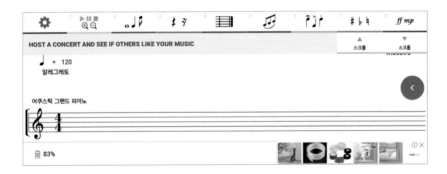

④ 아무것도 입력하지 않은 마에스트로 악보의 모습이다. 위의 악보 제작 도구
를 활용하여 원하는 음악을 작곡해 보자.

⑤ 원하는 음악이 입력되었다면 ▶ 아이콘을 탭 해서 작곡된 음악을 들어 보자. 우측의 QR코드를 활용하면 완성된 음악이 재생되는 것을 확인할 수 있다.

QR check!

⑥ 완성된 음악이 마음에 든다면 아이콘을 탭 해 보자.

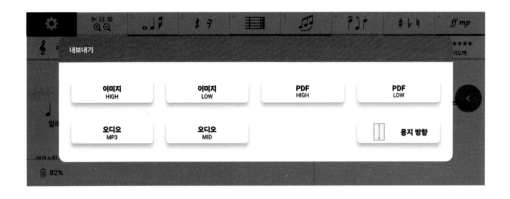

⑦ [내보내기] 아이콘을 탭 하면 나타나는 모습이다. 이미지 파일과 오디오 파일 등 다양한 파일 형식을 지원하는 모습을 확인할 수 있다. 내려 받기를 해서 친구들과 공유하거나 선생님께 제출하여 평가를 완료하면 된다.

4. 화성 감각 개발

- 활동: Blob Opera를 사용해 4성부 화음을 체험하고 세계 각국의 전통 음악 학습

- 평가 예시: "Blob Opera를 활용해 아리랑을 4성부로 편곡하고 연주한 후, 각 성부의 역할과 화성적 특징을 분석한 보고서를 작성하고, 전통 민요의 현대적 편곡 가능성에 대한 견해 발표하기."

5. 음악 요소 실험

- 활동: Chrome Music Lab의 14가지 도구로 음악 요소 학습하기

- 평가 예시: "Chrome Music Lab의 Song Maker로 16마디 곡을 작곡하고, Spectrogram으로 음색을, Rhythm과 Harmonics로 구조를 분석해 특징을 설명하는 프레젠테이션 제작"

실습 하기

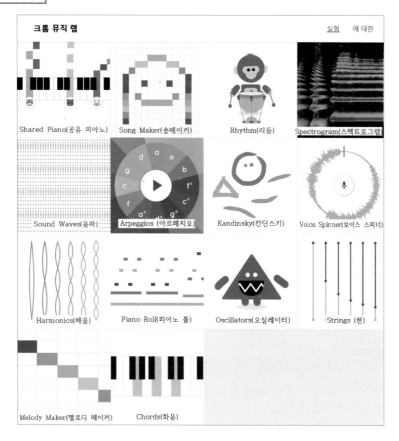

① 검색창에서 '크롬 뮤직랩'을 입력하거나 https://musiclab.chromeexperi 주소를 활용
해 홈페이지에 접속해 보자. '크롬 뮤직랩'은 누구나 음악을 만들 수 있도록
Google에서 만든 음악 학습용 사이트로 별도의 회원 가입이나 로그인 없이
사용이 가능하다.

② Chrome Music Lab의 14개 연구소 기능은 다음과 같다.

Shared Piano: 여러 사람이 동시에 접속하여 함께 피아노를 연주할 수 있는
도구이다.

Song Maker: 음표를 클릭하여 리듬을 만들고 다양한 악기 소리로 플레이할
수 있다.

Rhythm: 도형으로 리듬 패턴을 만들 수 있다.

Spectrogram: 마이크를 통해 다양한 음향을 시각화할 수 있다.

Sound Waves: 소리 전달 방식과 파동을 관찰할 수 있다.

Arpeggios: 코드를 반복적 화음으로 연주하며 실험할 수 있다.

Kandinsky: 그림을 음악으로 자동 변환하여 예술과 음악의 관계를 발견할 수 있다.

Voice Spinner: 소리의 속도와 방향을 조작하며 변화를 실험할 수 있다.

Harmonics: 기본음과 배음의 관계를 이해할 수 있다.

Piano Roll: 피아노 건반 형식으로 음악을 작곡하고 음의 진행을 볼 수 있다.

Oscillators: 다양한 소리 레벨을 구성할 수 있다.

Strings: 현의 길이와 장력에 따른 음높이를 실험할 수 있다.

Melody Maker: 음원을 생성하고 공유할 수 있다.

Chords: 화음 구조를 표시하고 코드를 연주할 수 있다.

09. 미술 교과
Google Arts & Culture, Artsy, Sketchfab, ArtSteps

구체적 사례(1990년대 이전 한국의 일반적인 중·고등학교 미술 수업)

1980~90년대 한국의 일반적인 고등학교 미술실에는 흑백 인쇄 명화 포스터가 걸려 있었고, 40~50명의 학생들이 좁은 공간에서 수업을 받았다. 교과서는 대부분 흑백이었으며 컬러 도판은 극히 제한적이었다. 수업은 주로 교사가 칠판에 그림을 그리며 설명하는 방식으로 진행되었고, 실제 작품 감상은 거의 불가능했다. 저품질 슬라이드 프로젝터나 미술 교사의 개인 소장 책자를 통해 간혹 작품을 접했다. 실기 수업은 연필, 수채화 물감 등 기본 재료에 국한되었다. 학습 자료는 대부분 흑백 교과서와 도판이 중심이었으며, 제한된 슬라이드와 교사 개인 소장 자료가 보조 교재로 활용되었다. 실기 수업을 위한 참고 작품과 현대 미술 시각 자료가 매우 부족했다.

평가 방식

1. 작가명과 작품명 연결

- 예시 문제: "다음 작가와 대표작을 연결하시오."
  ① 피카소   ② 빈센트 반 고흐   ③ 레오나르도 다빈치

- 평가 방법: 10~15개의 유명 작가와 작품을 연결하는 객관식 문제 출제

　이러한 평가 방식은 작가 - 작품의 단순 연결에만 집중해 예술 작품의 깊이 있는 감상과 해석을 놓칠 수 있다. 또한, 유명 작가와 작품에만 치중하고, 평가지의 제한된 지면으로 실제 크기를 실감하기 어려우며, 작품의 맥락과 제작 기법, 시대적 의미를 이해하는 능력을 평가하지 못하는 한계가 있다.

2. 미술 용어 정의

- 예시 문제: "'원근법'에 대해 설명하시오."

- 평가 방법: 주요 미술 용어의 정의를 암기하여 서술하게 한다.

　이러한 평가 방식은 학생들이 미술 용어를 단순 암기하는 데 그쳐 실제 작품에서의 적용과 의미 이해에 한계가 있다. 또한, 정형화된 정의에만 집중하게 되어 학생들의 창의적 해석과 비판적 사고를 저해하고, 미술 용어의 시대적·맥락적 유동성을 간과하게 만든다.

3. 간단한 스케치 테스트

- 예시 과제: "교실에 있는 물건을 선택하여 10분간 스케치하시오."

- 평가 방법: 형태의 정확성, 음영 표현 등을 기준으로 평가

이러한 평가 방식은 미술 용어의 단순 암기에만 그쳐 실제 작품에서의 적용과 의미 이해가 제한적이다. 또한, 정형화된 정의에만 집중하여 학생들의 창의적 해석과 비판적 사고를 저해하고, 미술 용어의 시대와 맥락에 따른 유동적 특성을 간과하게 만든다.

4. 제한된 재료로 작품 제작

- 예시 과제: "수채화 물감으로 '봄'을 주제로 한 풍경화를 그리시오."

- 평가 방법: 구도, 색채 사용, 주제 표현력 등을 기준으로 평가

이러한 평가 방식은 학생들의 재료 선택과 주제 해석의 자유를 제한해 다양한 예술적 표현을 억제할 수 있다. 또한, '봄'이라는 주제에 대한 고정된 관념의 표현을 유도하고, 기술적 숙련도와 전통적 미적 기준에 치중하여 현대 미술의 다양한 접근과 실험적 시도를 반영하지 못한다.

아날로그 평가의 딜레마

1. 색채 감각 발달 제한

학생 A는 고흐의 '별이 빛나는 밤'을 흑백 사진으로만 보았기 때문에 작품의 강렬한 색채가 주는 감동을 경험하지 못했다.

2. 창의적 표현의 제한

학생 B는 다양한 현대 미술 기법설치미술, 퍼포먼스 아트 등을 접하지 못해 미술 표현의 가능성을 제한적으로만 인식한다.

3. 비평적 감상 능력 부족

학생 C는 작품의 제목과 작가는 알지만 작품의 사회적 맥락이나 작가의 의도를 해석하는 능력이 부족하다.

4. 재료와 기법의 제한적 경험

학생 D는 오일 파스텔, 아크릴 물감 등 다양한 재료를 사용해 볼 기회가 없어 표현 기법의 다양성을 이해하지 못한다.

5. 동시대 미술에 대한 이해 부족

학생 E는 현대 미술 작품을 접할 기회가 거의 없어 미술을 과거의 것으로만 인식하고 현재 진행형의 예술로 이해하지 못한다.

도움이 될 수 있는 디지털 리소스들

1. Google Arts & Culture: https://artsandculture.google.com

특징: 2,000여 개 미술관과 협력한 방대한 예술 작품 데이터베이스, 초고해상도 이미지와 360도 가상 투어 제공

사용: 명화의 세밀한 관찰, Street View 기반 가상 미술관 산책, 작품 정보 학습

평가 활용: 미술 감상문과 분석 리포트, 전시회 기획과 큐레이션 과제 수행

2. Artsy: https://www.artsy.net

특징: 주요 갤러리와 아트페어의 현대 미술 작품 정보 및 실시간 거래 현황 제공, 아트마켓 동향 데이터베이스 구축

사용: 현대 미술의 트렌드와 국제 갤러리/아트페어의 전시 정보 파악

평가 활용: 현대 미술 경향과 시장 분석 리포트, 가상 컬렉션 제작 프로젝트

3. Sketchfab: https://sketchfab.com

특징: 고품질 3D 모델과 VR 콘텐츠 공유, 실시간 3D 뷰어 및 VR/AR 지원

사용: 3D 조각과 입체 작품 관람, VR 헤드셋을 통한 가상 전시 체험

평가 활용: 3D 아트워크로 가상 갤러리 큐레이팅, VR 작품 감상 경험 비평문 작성

4. ArtSteps: https://www.artsteps.com

특징: 3D 가상 전시 공간 디자인과 작품 배치가 가능한 고품질 플랫폼

사용: 전시 공간 설계와 작품 배치, 조명 설정 실습, 온라인 전시 공유

평가 활용: 주제별 가상 전시회 기획과 전시 기획서/도록 제작 프로젝트

디지털 리소스 활용 방안

1. 실제적인 작품 감상

- 활동: Google Arts & Culture로 고해상도 이미지로 작품 세부 사항 관찰

- 평가 예시: "Google Arts & Culture의 아트 카메라 기능을 활용하여 렘브란트의 '야경꾼'에서 빛의 표현이 돋보이는 부분을 3곳 이상 찾아 확대하고, 작가가 사용한 명암 기법과 붓 터치를 상세히 분석하시오."

실습 하기

① 검색창에서 '아트앤 컬처'를 검색하거나 https://artsandculture.google.com/ 주소를 입력에 Google Art&Culture 에 접속해 보자. '한글로 번역하기'를 필수적으로 해 두는 것이 좋다.

② 돋보기 모양 🔍 을 눌러 원하는 작가를 검색해 보자. 예를 들어, 빈센트 반 고흐를 검색해 보자.

③ 빈센트 반 고흐의 336개의 작품이 검색되었다.

④ 작가에 대한 설명, 작품에 얽힌 스토리, 작품에 대한 상세 설명, 자가의 명언, 관련 화파, 사용한 재료 등에 대한 정보가 다양하게 제시된다. 이 중 스토리에 있는 '별이 빛나는 밤에'를 클릭해 보았다. 아래의 QR 코드를 통해 빈센트 반 고흐의 '별이 빛나는 밤에'에 관한 스토리와 작품을 감상해 보도록 하자.

QR check!

2. 현대 미술 트렌드 이해

- 활동: Artsy를 통해 현재 활동 중인 작가들의 작품을 탐색하고 분석하기

- 평가 예시: "Artsy에서 2020년 이후 베니스 비엔날레에 참가한 작가 중 2명을 선정하여 각 작가의 대표작 3점을 분석하시오. (단, 작품의 제작 연도, 재료, 크기를 포함하고, 작가별 작품 경향의 변화와 동시대 미술에 미친 영향을 함께 서술할 것)"

📌 실습 하기

① 검색창에서 artsy를 검색하거나 https://www.artsy.net/ 주소를 입력하고 홈페이지를 열 수 있다. 별도의 가입이나 로그인 없이도 충분히 원하는 정보를 얻고 작품을 감상할 수 있다.

② 좌측 상단에 '새로운 소식'을 클릭하면 새롭게 출품된 현대 미술 작품들을 볼
    수 있다.

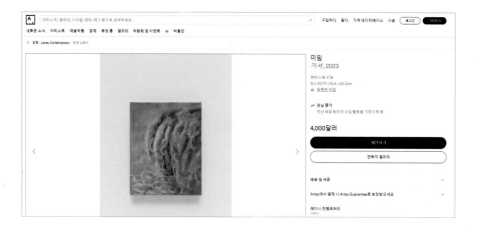

③ 그중 '미임'이라는 한국 작가의 작품을 클릭해 보았다.

④ 작품을 한 번 더 클릭하면 위와 같은 화면이 나타난다.

⑤ 마우스의 스크롤을 활용하면 확대된 화면을 볼 수 있고 붓의 터치나 질감 그리고 재료 등 그림을 좀 더 세밀하게 감상할 수 있다.

3. 3D 및 VR 아트 경험

- 활동: Sketchfab를 활용해 3D 아트를 경험하고 작품을 감상하기

- 평가 예시: "Sketchfab에서 현대 조각 작품 중 키네틱 아트 작품 2점을 선정해 360도 회전 기능으로 관찰하고 비교 감상문 작성. (VR 모드로 1회 이상 감상하고, 작품의 움직임이 잘 드러나는 3개의 시점을 캡처할 것)"

실습 하기

① 검색창에서 'sketchfab'를 입력하거나 https://sketchfab.com/ 주소를 입력해서 홈
　페이지에 접속해 보자.

② 우측 상단의 가입하기를 누르면 입
　력창이 활성화된다. 스크롤을 내려
　Google 아이디로 회원 가입을 해
　보자.

③ 최종 정보를 입력하고 계정 생성
　을 완료해 보자.

④ 가입을 완료하면 다음과 같은 화면이 나타난다. 이 중 '영감을 주는 3D 모델을 발견하세요'를 클릭해 보자.

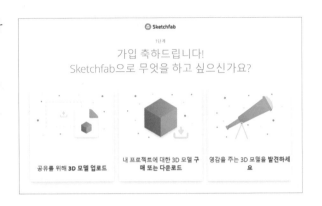

⑤ 활동 시에 표기할 이름을 정하고 원하는 정보를 입력하고 '계속하다'를 눌러 주면 된다. 사진은 필수는 아닌 선택 사항이다.

⑥ 나타나는 화면에서 관심 분야를 선택하고 '계속하다'를 클릭해 보자. 위 화면은 '예술과 추상', '문화유산 및 역사', '전자제품 및 가전'을 선택한 모습이다.

⑦ 이어지는 화면에서 관심이 가는 사용자를 팔로우하면 된다. '문화유산 및 역사'와 관련된 사용자를 모두 팔로우해 보았다.

⑧ '팔로우' 버튼이 주황색으로 바뀌면서 팔로우가 완료된 모습이다. 한 번 더 누르면, 파란색으로 변하면서 팔로우가 취소된다. 이 중 케빈 라이의 작품을 클릭해 보았다.

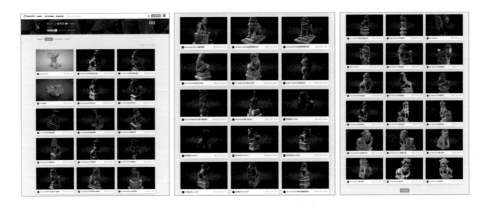

⑨ 대만 작가의 다양한 사자상 작품이 있음을 알 수 있다. 이 중 하나의 작품을
  클릭해 보자.

⑩ 멋진 사자상의 모습을 3D로 감상할 수 있다. 마우스 버튼과 스크롤을 활용하
  면 상하좌우 360도 모든 방향에서 예술 작품을 감상하는 것이 가능하다. 아
  래의 QR코드를 활용해서 작품을 감상하는 모습을 확인해 보도록 하자.

QR check!

4. 전시 기획 능력 개발

- 활동: ArtSteps를 사용해 가상 전시회 기획 및 제작

- 평가 예시: "한국 현대 미술 작가 3인의 작품으로 'Memory and Future'라는 주제의 가상 전시회를 구성하시오. (전시실 규모 최소 3개실, 작가별 작품 3점 이상 포함, 전시 동선과 작품 배치 의도를 설명하는 큐레이터 노트 필수)"

실습 하기

① 검색창에서 artsteps를 검색하거나 https://www.artsteps.com/ 을 입력해 홈페이지에 접속해 보자.

② 구글 아이디를 활용하면 쉽게 회원 가입을 마칠 수 있다.

③ '탐구하다'를 클릭하면 수백만 개에 달하는 전시회와 창작자들의 전시물을
만나볼 수 있다. 클릭을 해 보자.

④ 다양한 전시회 중에서 원하는 전시회를 선택할 수 있다. 더 보기를 클릭하면
더 많은 전시회를 볼 수 있다. '디포 아트 전시회'라는 전시회를 선택해 보
겠다.

⑤ '디포 아트 전시회' 입구의 모습이다. 마우스와 방향키를 활용하면 원하는 곳
으로 이동하고 작품을 감상할 수 있다.

⑥ 원하는 작품을 더블클릭하면 작품에 대한 소개와 안내를 받을 수 있다.

⑦ 전시회장 화면 아래에 있는 공유하기를 클릭하면 전시회장 링크를 공유하고 친구와 함께 전시회장을 관람할 수 있다.

⑧ 링크를 복사해 학생들과 공유하면 된다. sns를 활용하거나 pedlet 등을 활용하거나 QR코드를 활용하면 손쉽게 접속이 가능하다. 아래의 QR코드를 스마트폰이나 태블릿 같은 모바일 기기를 통해 스캔해 보자.

QR check!

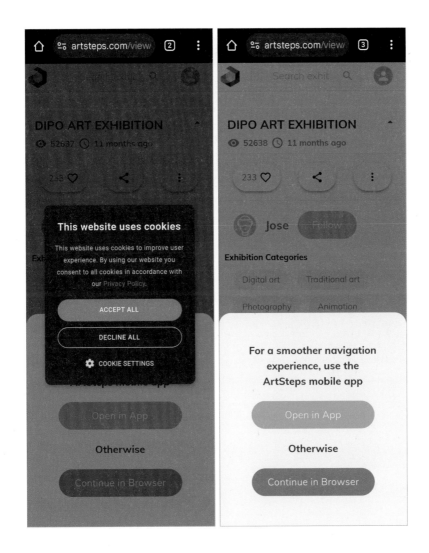

⑨ QR코드를 스캔하고 링크를 클릭하면 나타나는 화면이다. 모든 쿠키를 허락
  해 보자.

⑩ 쿠키 사용을 허락하고 나면 앱을 설치해 앱으로 전시장을 둘러볼 것인지 브
  라우저에서 전시장을 둘러볼 것인지를 묻는다. 브라우저를 통해 전시장을 둘
  러보도록 하겠다.

⑪ 전시장 입구의 모습이다. 아래의 QR코드를
이용해 전시장을 둘러보고 있는 모습을 영
상으로 확인해 보자.

QR check!

10. 체육 교과 Coach View, 농구 감독 전술 보드, Active Arcade

구체적 사례(1970~90년대 한국의 일반적인 중·고등학교 체육 수업)

1980~90년대 한국의 일반적인 고등학교 체육 수업은 운동장, 체육관, 철봉과 매트 같은 간단한 운동 기구로 제한된 환경에서 진행되었다. 고가 분석 장비나 소프트웨어는 전무했으며, 교사 1명이 30~40명의 학생을 지도해야 했다. 수업은 주로 교사의 시범과 구두 설명에 의존한 기술 전수 방식으로, 학생들의 반복 연습과 교사의 육안 관찰 피드백이 중심이었다. 기록 측정은 수동 스톱워치와 줄자로 이루어졌고, 학습 자료는 교과서와 지도서에 실린 흑백 삽화와 간단한 도해가 대부분이었다. 간혹 VHS 비디오나 TV 중계 영상을 활용했으나, 기기 준비의 번거로움과 전문 선수 영상 확보의 어려움이 있었다.

평가 방식

1. 달리기 기록 측정

- 예시 문제: "100m 달리기에서 A학생이 13.5초를 기록했다. 이는 몇 등급에 해당하는가?"

- 평가 방법: 수동 스톱워치로 시간을 측정하고, 기준 시간별 등급을 부여한다.

이와 같은 달리기 기록 측정 평가 방법은 수동 스톱워치의 오차로 인해 정확한 기록 측정이 어려울 수 있다. 또한, 순위나 기준 시간 달성 여부만으로 평가할 경우, 학생들의 개인적인 발전과 노력을 충분히 반영하지 못할 가능성이 있다.

2. 도약 거리 측정

- 예시 문제: "멀리뛰기에서 B학생이 2.9m를 기록했다. 이는 몇 등급에 해당하는가?"

- 평가 방법: 줄자로 도약 거리를 측정하고, 거리별 등급을 부여한다.

이와 같은 도약 거리 측정 평가 방법은 줄자의 오차로 인해 정확한 거리 측정이 어려울 수 있다. 또한, 이러한 획일적인 평가 기준은 학생 개개인의 신체적 특성과 성장 속도를 고려하지 못하는 한계를 보인다.

3. 기계체조 동작 평가

- 예시 문제: "철봉 차오르기를 실시하여 동작의 완성도에 따른 점수를 받으시오."

- 평가 방법: 동작의 성공 여부와 완성도를 교사가 관찰하여 점수를 부여한다.

이와 같은 기계체조 동작 평가 방법은 교사의 주관적 판단에 따라 점수가 부여되기 때문에 평가의 공정성과 일관성을 유지하기 어려울 수 있다. 또한, 이는 학생들의 시도와 도전 과정에서 보이는 진보적 발전을 평가에 반영하기 어렵다는 문제점이 있다.

4. 구기 종목 기술 평가

- 예시 문제: "농구 자유투 10회를 실시하여 성공률에 따른 등급을 받으시오."

- 평가 방법: 정해진 횟수의 시도 중 성공 횟수를 측정하여 등급을 부여한다.

이와 같은 구기 종목 기술 평가 방법은 학생들이 성공 횟수에만 집중하게 되어 기술의 정확성과 일관성을 깊이 이해하는 데 어려움이 있을 수 있다. 또한, 성공 횟수만으로 평가할 경우 학습 과정에서 이루어지는 기술 향상과 꾸준한 노력을 간 과할 우려가 있다.

아날로그 평가의 딜레마

1. 기술적 세부 사항 간과
학생 A는 100m 달리기에서 좋은 기록을 냈지만, 부적절한 팔 동작과 보폭으로 인해 장기적으로 부상 위험이 높아졌다.

2. 개인별 발전 과정 무시
학생 B는 처음에 비해 농구 자유투 폼이 많이 개선되었지만, 여전히 성공률이 낮아 낮은 점수를 받았다.

3. 체형과 체질에 따른 불이익
학생 C는 팔굽혀펴기에서 낮은 점수를 받았지만, 실제로는 자신의 체중 대비 양 호한 근력을 가지고 있었다.

4. 스포츠 기술의 편향된 발전

학생 D는 평가 항목에 포함된 기술만 집중적으로 연습하여, 전반적인 운동 능력 발전이 제한되었다.

5. 운동에 대한 부정적 인식 형성

학생 E는 반복된 낮은 평가로 인해 체육에 대한 흥미를 잃고, 평생 스포츠 참여에 소극적이 되었다.

도움이 될 수 있는 디지털 리소스들

1. Dartfish: https://www.dartfish.com

특징: 고성능 비디오 분석 소프트웨어로 실시간 분석, 프레임별 동작과 각도/속도 측정

사용: 운동 동작 녹화와 분석, 전문 선수와 비교, 기술 교정과 팀 전술 분석

평가 활용: 객관적 기술과 발전 과정 평가, 동작의 역학적 분석, 전술 이해도 측정

2. Coach View: android, ios app

특징: 실시간 동작 분석과 AI 기반 패턴 분석, 0.03초 단위 조절과 관절 감지

사용: 동작 촬영과 AI 관절 인식, 궤적/각도 시각화, 즉시 동작 확인

평가 활용: 실시간 기술 교정, AI 자세 평가와 동작 정확도 수치화, 발전 기록

3.농구 감독 전술 보드: android app

특징: 농구 전술 저장, 전술 애니메이션 제공, 역할 설명 기능

용도: 포메이션과 작전 학습, 전략 시뮬레이션과 전술 연습

평가 활용: 전술 이해도와 전략 실행력, 문제 해결력 평가

4. Active Arcade: android, ios app

특징: AI 기반 동작 인식과 게임형 운동 프로그램, 직관적 피드백과 운동량 측정

용도: 게임을 통한 신체 활동과 동작 정확도 체크, 개인/그룹 운동 기록 관리

활용: 운동 수행력과 동작 정확도 평가, 참여도와 체력 향상도 분석

디지털 리소스 활용 방안

1. 정밀한 동작 분석

- 활동: Dartfish 소프트웨어를 사용해 학생들의 운동 동작을 프레임별로 분석하고, 전문 선수의 동작과 비교 분석

- 평가 예시: "100m 달리기의 스타트, 가속, 전력 질주 단계를 Dartfish로 분석하여 각 단계별 자세와 움직임을 평가하고 개선점을 도출하시오."

2. 실시간 피드백 및 자기 평가

- 활동: Coach View를 활용해 실시간 촬영 및 AI 골격 분석을 통해 즉각적 피드백 제공

- 평가 예시: "높이뛰기 동작을 Coach View로 분석하여 도움닫기, 발구름, 공중동작, 착지 단계별 자세를 평가하고 자기 분석 보고서를 작성하시오."

실습 하기

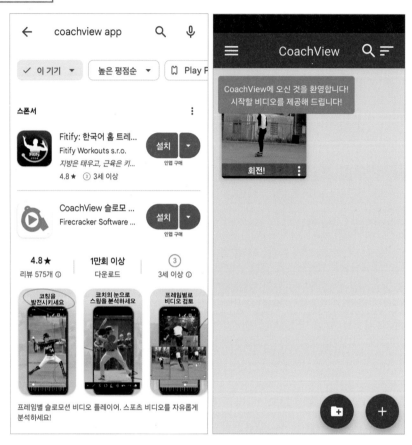

① Google Play에서 'CoachView' 앱을 찾아 설치해 보자. Apple의 Appstore 에서도 설치가 가능하다는 점은 알아 두도록 하자.

② 설치가 완료되면 나타나는 화면이다. 시작할 비디오로 스케이트보드를 타고 있는 남자의 영상이 기본으로 제공된다. ➕ 아이콘을 눌러 관찰할 영상을 업로드해 보자.

③  아이콘을 누르면 위와 같이 동영상을 업로드할 방법을 선택할 수 있다. 해당 동영상이 촬영되어 있지 않다면 녹화 를 선택하고 이미 촬영되어 있다면 가져오기 를 선택하자.

④ 가져오기 를 선택해 이미 촬영된 영상을 가져온 모습이다.

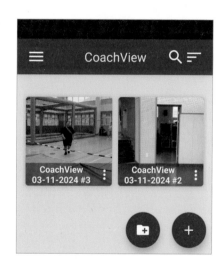

⑤ 앱 하단의 ▭ 일자형 조그 다이얼을 앞뒤로 조정하면 위 그림과 같이 0.03초 단위로 영상을 조정하는 것이 가능하다. 1.00x 이 부분을 탭하면 영상의 재생 속도 조절도 가능하다.

⑥ 우측 상단의 🔴 아이콘을 탭 하면 나타나는 화
면이다. 🏃 포즈 표시 를 탭 해 보자.

⑦ 인공지능이 학생의 동작을 분석하여 뼈대의 움직임을 노란색 선으로 관절을
빨간색 점으로 나타내어 준다. 이 또한 0.03초 단위로 조절하여 동작을 분석
할 수 있다. 아래의 QR코드를 스캔하여 앱을 조작하는 방법을 자세히 살펴보
도록 하자.

QR check!

3. 전술 이해도와 팀워크 평가

- 활동: 농구 감독 전술 보드 앱으로 팀 전술 설계, 포메이션 학습 및 실전 경기 구현

- 평가 예시: "5인제 농구에서 속공과 지공을 활용한 팀 전술을 설계하고, 전술 보드로 시뮬레이션한 후 실제 경기에 적용하시오."

실습 하기

① 구글 Play에서 '농구 감독 전술 보드'를 설치해 보자. 배구, 축구, 풋살 등 다양한 전술 보드가 있으니 원하는 종목에 맞게 설치해 보는 것도 추천한다.

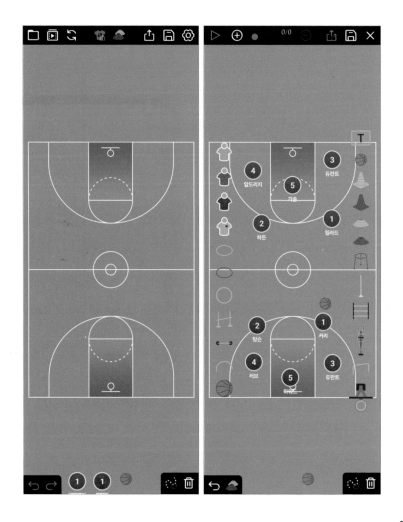

② 설치가 완료된 후의 모습이다. 상단의 아이콘부터 차례로 살펴보겠다. ▇를 탭하면 저장해 둔 전술 보드를 불러올 수 있다. ⬆를 탭하면 작성한 전술 보드를 내보내어 공유할 수 있다. ▇를 탭하면, 내 기기에 저장하는 것이 가능하다. ▶ 이 아이콘은 마지막에 설명하도록 하고 ▇를 탭 해 보자.

③ 심판 및 장애물, 콘, 텍스트까지 농구장 배경 위에 두고 연습 방법 및 경기 전략을 설명할 수 있는 설치물들을 표현할 수 있다. 원하는 아이콘을 드래그해서 사용하면 된다. ▇을 한 번 더 탭 해서 원래 화면으로 돌아가 보자.

④ 을 드래그해서 경기장에 옮겨 보자. 1번 선수의 위치가 정해지면 을 연속으로 탭 해 보자.

⑤ 을 두 번 연속으로 탭 하면 위 화면과 같은 창이 나타난다. 학생의 이름과 번호 그리고 포지션을 입력하고 다음 을 연속으로 탭 해 보자. 원한다면 사진 도 업로드 가능하다는 점도 알아 두자.

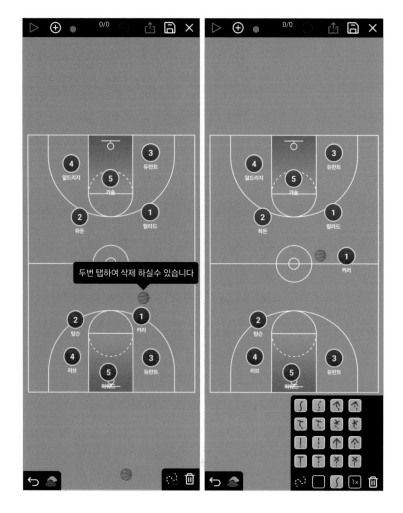

⑥ 모든 선수의 정보를 입력하였다면 포지션별 위치에 배치하고 농구공을 드래

　그래서 원하는 곳으로 옮겨 보자. 화면에 나타나는 바와 같이 두 번 탭 하면

　농구공을 비롯한 모든 설치물을 삭제하는 것이 가능하다. 전술을 설명할 준

　비가 되었다면 　를 눌러 보자.

⑦ 다양한 전술적 움직임 표시가 가능하다는 것을 알 수 있다. 선수와 공을 전술

　이나 작전에 맞게 이동시킬 수 있고 펜을 활용한 작전 지시가 가능하다.

⑧ 화면과 같이 색깔 구분도 가능하고 🗑을 탭 하면 전체 삭제도 손쉽게 할 수 있다. 작전 수행의 단계마다 상단의 ⊕를 눌러서 화면을 기억시킬 수 있다. ▶를 탭 하면 단계별 작전 지시와 전술 설명이 연속적으로 재생된다. '화면 녹화하기'를 활용해 전술 과제나 움직임 설명 등을 과제로 제출하는 방식으로 학생의 전술 이해도 및 팀워크 평가가 가능하다. 우측의 QR코드를 스캔하면 '농구 감독 전술 보드로 단계별 전량 전술 설명하기'를 확인할 수 있다.

QR check!

4. 게이미피케이션 기반 체육 활동

- 활동: Active Arcade의 다양한 운동 게임을 통해 체력 향상 및 동작 개선, AI 동작 인식으로 정확도 측정

- 평가 예시: "Active Arcade의 3가지 게임을 15분씩 수행하며, 기본 동작의 정확도와 운동량을 기록하고 분석하시오."

실습 하기

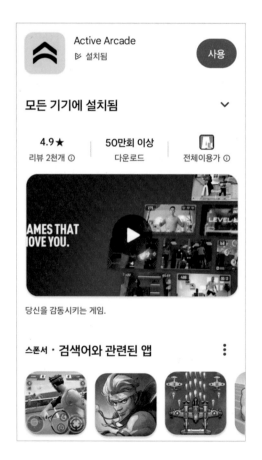

① 구글 Play에서 'Active Arcade'를 설치해 보자.

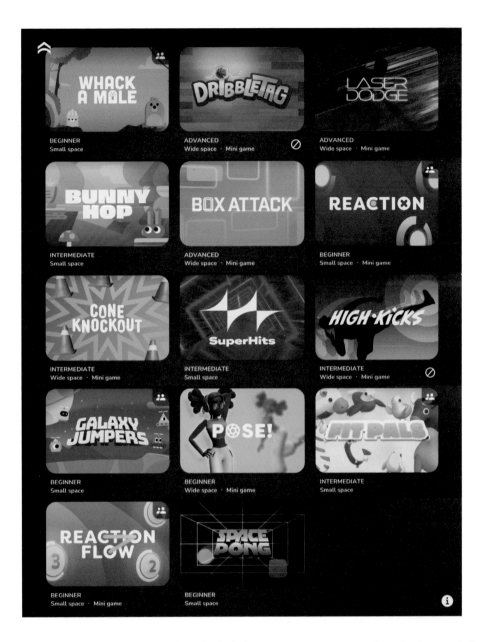

② 설치가 완료되면 나타나는 화면이다. Active Arcade는 가로형 디스플레디만 지원하는 앱이다. 총 14개의 Activity가 있는 것을 알 수 있다. 그중 를 탭 해 보자.

③ ▶ Play 를 탭 해 보자.

④ 세 가지의 활동이 있다. 🏀는 드리블을 하면서 공이 없는 손으로 터치하
   기 게임이다. 🏀는 양손을 모두 사용하여 터치하기 게임이다. 🏀는 공
   으로 터치하기 게임이다. 원하는 게임을 선택해 보자.

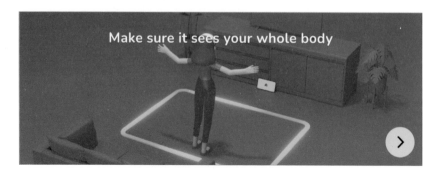

⑤ 모바일 기기의 거치 방법과 플레이어의 위치를 설명해 준다. 각 Activity에
   동일하게 제공된다.

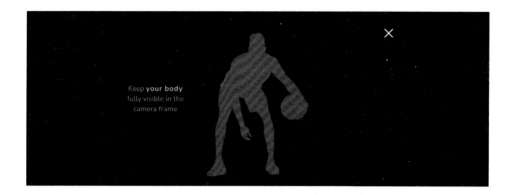

⑥ 카메라에 프레임에 플레이어의 신체가 모두 들어와야 한다는 안내하는 화면
이다. 각 Activity마다 유사하게 제공된다. 요구 사항을 만족하면 자동으로
게임이 시작된다. 자, 이제 신나게 Activity를 즐겨 보자.

⑦ 체육 수업에 활용하기 좋은 Activity를 소개하겠다. 워밍업과 민첩성 운동에
활용하기 좋은 Laser Dodge를 추천한다.

⑧ 순발력과 심폐 지구력 운동에 활용하기 좋은 Box Attack을 추천한다.

⑨ 협응력과 민첩성 운동에 좋은 Reaction과 Reaction Flow를 추천한다.

⑩ 모든 Activity가 게임화되어 있고 점수가 수치화되어 있다. 게임을 마칠 때마다 플레이 영상을 다운로드할 수 있고, 이를 제출하면 평가가 완료되는 방식으로 진행하면 다양한 방법으로 평가에 활용할 수 있다. 아래의 QR코드를 스캔해 각 Activity를 플레이하는 방법을 확인해 보도록 하자.

QR check!

⑪ QR을 스캔하여 Dribble_Tag 중 Ball_Tag하는 모습을 확인해 보자.

QR check!

⑫ QR을 스캔하여 Dribble_Tag 중 Hand_Tag하는 모습을 확인해 보자.

QR check!

⑬ QR을 스캔하여 Laser_Dogde를 하는 모습을 확인해 보자.

사진 출처

1부(경상북도사이버교육박물관)

01장. 새로운 기술과 춤을 추는 법
01_연필의 눈물(Pixabay)
02_연필논쟁(Dall_E3)
03_초크보드와 분필(Pixabay)
04_1990년대 컴퓨터 수업[포항영흥초등학교](경상북도사이버교육박물관)

02장. 괘도에서 전자칠판까지: 시청각 교수 매체의 변화
01_괘도(저자 촬영본)
02_괘도_1938년 수업 시간(포항초등학교_경북사이버교육박물관)
03_괘도_1939년 수업 시간(선산초등학교_경북사이버교육박물관)
04_1970년 OHP 수업모습(함창초등학교_경북사이버 교육박물관)
05_Microsoft_PowerPoint(마이크로소프트 홈페이지)
06_prezi(prezi홈페이지)
07_Google Slides(Google 홈페이지)
08_Microsoft Sway(Microsoft Sway홈페이지)

03장. 벽에 걸린 지식의 창: 교실 디스플레이 기술의 타임라인
01_칠판이 중심이 된 교실의 풍경(Pixabay)
02_옛날 교실 칠판(저자 촬영본)
03_분필(저자 촬영본)
04_1960년대 수업시간 속 교실 칠판(경북사이버교육박물관)
05_자석칠판(저자 촬영본)
06_자석분필(저자 촬영본)
07_화이트보드(저자 촬영본)
08_칠판지우개 털이(저자 촬영본)
09_흑판과 화이트보드의 대결(DALL·E 3)
10_칠판에 빔을 쏘다(저자 촬영본)
11_초근접 터치스크린 빔프로젝터(저자 촬영본)
12_화면미러링 기술(저자 촬영본)

04장. 황혼의 브라운관에서 새벽의 전자칠판까지:
교실 디지털화의 여정
01_벽에 설치된 브라운관TV(경북사이버교육박물관)
02_1950년대 운동장 조회(경주중·고등학교_경북사이버교육박물관)
03_프로젝션TV와 교실(효선분교장_저자 촬영본)
04_CRD TV(저자 촬영본)
05_빔프로젝터(저자 촬영본)
06_LCD TV(안계초등학교_저자 촬영본)
07_LED TV(LG전자 홈페이지)

05장. 어디까지 지시해 봤니?:
나무 지시봉에서 터치펜 지시봉까지
01_지시봉2(저자 촬영본)
02_지시봉으로 설명하는 선생님(1940년 영진공립심상소학교_경북사이버교육박물관)
03_텔레스코픽_지시봉_안테나지시봉(아이스크림몰_상품코드_1166125)
04_손가락 지시봉(아이스크림몰_상품코드_1340598)
05_레이저 포인터(저자 촬영본)
06_프리젠터(저자 촬영본)
07_터치펜 지시봉(아이스크림몰_상품코드_1358974)

06장. 산가지에서 AI까지: 한국 수학 교구의 천 년 여정
01_산가지로 수업하고 있는 모습(DALL·E 3)
02_셈돌을 가지고 수업하고 있는 모습(DALL·E 3)
03_옛날 주판(저자 촬영본_미래엔교육박물관)
04_옛날 측량도구로 측량하는 모습(DALL·E 3)
05_산술신서(저자 촬영본_미래엔교육박물관)
06_옛날 자, 각도기, 삼각자(저자 촬영본_미래엔교육박물관)
07_일제시대 중학교 수학교과서(1947년_경북사이버교육박물관)
08_일제시대 주산수업(1930년대_영덕초등학교_경북사이버교육박물관)
09_수모형 사진(제작)
10_탱그램(저자 촬영본)
11_지오보드(저자 촬영본)
12_1980년대 소프트웨어 수학교육(DALL·E 3)
13_2010년 이후 버퍼링 걸린 스마트 교육(DALL·E 3)

07장. 음악 교육 도구의 진화: 풍금에서 AI까지
01_일제시대 풍금 음악시간(안동여고_1946년_경북사이버교육박물관)
02_일제시대 풍금 음악시간(진보초_1941년_경북사이버교육박물관)
03_80년대 풍금 구입(1982년_쌍림초등학교_경북사이버교육박물관)
04_70년대 음악실(1970년_의성중학교 특별교실_경북사이버교육박물관)
05_60년대 종이피아노 음악수업(1963년_포항초등학교_경북사이버교육박물관)
06_60년대 종이건반(저자 촬영본)
07_추억의 멜로디언(저자 촬영본)
08_멜로디언(아이스크림몰_상품코드_500717)
09_아이스크림 음악수업1(홈페이지)
10_아이스크림 음악수업2(홈페이지)
11_아이스크림 음악수업3(홈페이지)

08장. 언어 학습의 장벽을 허무는 기술 여정:
종이사전에서 AI 번역까지
01_졸업선물 영어사전(저자 촬영본)
02_1957년 영어수업시간(성주여자고등학교_경북 사이버 교육박물관)
03_오래된 영한사전(저자 촬영본)
04_민중서림 포켓영한사전 펼침(저자 촬영본)
05_1970년대 후반 닥터위콤 어학기(경북사이버교육박물관)
06_1980년 어학실(영어수업)_근화여자중학교_경북사이버교유박물관
07_전자사전(저자 촬영본)
08_구글 영한사전(홈페이지)
09_네이버 영한사전(홈페이지)
10_파파고 문서번역(홈페이지)
11_파파고 그리기 화면(홈페이지)
12_파파고 모바일1(App)
13_파파고 모바일2(App)
14_구글렌즈 로고(홈페이지)
15_파파고 로고(홈페이지)

09장. 칭찬의 진화론:
도장에서 VR까지, 피드백의 과거, 현재 그리고 미래
01_1970년대 운동회(태자국민학교_경북사이버 교육박물관)

현직 교사가 만든
에듀테크 수업을
망설이는 교사를 위한

찐 실전
Chat
GPT 과목별

생성형 AI (에듀테크) 수업 활용하기!

| 2025년 1월 3일 | 1판 | 1쇄 | 인 쇄 |
| 2025년 1월 10일 | 1판 | 1쇄 | 발 행 |

지 은 이 : 정　　　지　　　훈

펴 낸 이 : 박　　　정　　　태

펴 낸 곳 : 주식회사 광문각출판미디어

10881
파주시 파주출판문화도시 광인사길 161
광문각 B/D 3층
등　　　록 : 2022. 9. 2 제2022-000102호
전 화(代): 031-955-8787
팩　　　스 : 031-955-3730
E - mail : kwangmk7@hanmail.net
홈페이지 : www.kwangmoonkag.co.kr

ISBN : 979-11-93205-46-4　　03370

값 : 20,000원